U0533496

谨以本书献给

不断变化的共进常数

格里高利·皮布尔斯

EUGENIA
CHENG

A Mathematician's Manifesto
for Rethinking Gender

x+y宣言

用数学克服性别偏见

[英]郑乐隽 著 佘莎 译

浙江大学出版社
·杭州·

图书在版编目（CIP）数据

x+y 宣言：用数学克服性别偏见 /（英）郑乐隽著；佘莎译. -- 杭州：浙江大学出版社，2025.6.
ISBN 978-7-308-25774-9

Ⅰ. D440-05

中国国家版本馆 CIP 数据核字第 2025P2D675 号

The Publishers shall take all necessary steps to protect the copyright in the Work and undertake to print the copyright notice exactly as it appears in the original edition of the Work in addition to any copyright line that may be required to establish copyright in the actual translation.

浙江省版权局著作权合同登记图字：11-2025-069号

x+y 宣言：用数学克服性别偏见

（英）郑乐隽　著　佘　莎　译

责任编辑	谢　焕
责任校对	陈　欣
装帧设计	云水文化
出版发行	浙江大学出版社
	（杭州市天目山路148号　邮政编码310007）
	（网址：http://www.zjupress.com）
排　版	大千时代（杭州）文化传媒有限公司
印　刷	杭州钱江彩色印务有限公司
开　本	880mm×1230mm　1/32
印　张	10
字　数	152千
版 印 次	2025年6月第1版　2025年6月第1次印刷
书　号	ISBN 978-7-308-25774-9
定　价	68.00元

版权所有　侵权必究　　印装差错　负责调换

浙江大学出版社市场运营中心联系方式：0571-88925591；http://zjdxcbs.tmall.com

序

作此序时,世界正处于极度不确定状态。时值2020年3月中旬,我们所熟知的世界因一场全球性疫情而濒临瘫痪。

所以,不仅本书的开头似乎无法不提及这场疫情,甚而也无法知道该说些什么才能保证本书到达读者手中之时仍然会有意义。事态发展太快,让我们跟不上脚步,我们不知道在接下来的岁月里都会发生什么事情。什么都可能发生,我们根本无法想象。

然而,这场全球性危机同时也揭示了一个严峻的问题,那就是立足于单个个体思考的人与立足于社会群体思考的人之间存在着尖锐的对立。我们看到的是,人人都在决定自己要承担多大的感染风险,好像这个决定关乎的只是私事,影响的也只是他们自己。而我们所需要的,却是每个人都为大家出力，为的是减少群体面临的风险，维护我们的共同健康。

这种个人主义思维与群体意识思维之间的反差正是贯穿本书始终的重要主题。这种反差在当前危机中如此生动地上演，在让我感到痛心的同时，也激励我更加奋发。

当我动笔写这本书的时候，这场危机尚未出现，我也不知道当您读到这本书的时候，这个世界会处于怎样的状态。无论如何，我希望本书能帮助我们更加清晰地了解这些截然不同的生活方式，能导引我们走向更加美好的未来。

目 录

上部　性别化思维　001

1　绪　论　001

数学是什么？/ 数学是怎样运作的？/ 什么问题？/ 数学视角
数学的过程 / 范畴论的概念 / 维度 / 怎样取得进步？/ 梦想世界

2　差异之难　045

案例研究 / 关于弱论证的理论 / 观察的问题 / 平均数 / 分布形状 / 零假设
生活不是受控试验 / 不同情形的不同答案

3　挺身而进的问题　085

性别化术语 / 自变量 / 当前的一维视角 / 系统的偏斜 / 埃米·诺特
效仿男性行为 / 哪些特质对成功有价值？/ 数学领域的成功
回到基本原理 / 斯蒂芬妮·雪莉女爵士 / 改变文化

下部　非性别化思维　133

4　新维度　133
新语言 / 与既有观念的关系 / 新术语怎样帮助我们

5　结构与社会　171
芬兰的共进教育 / 与性别的关系 / 自信的榜样 / 共进让科学家更优秀
独进的结构 / 人造的稀缺 / 竞争与性别 / 固守现状

6　挺身而出　219
共进的榜样 / 重构独进的假设 / 冒险 / 以共进的方式应对独进能量

7　未来的梦想　253
共进的数学 / 共进的研究 / 共进的教育 / 共进的提问时间 / 共进的职场
音乐 / 共进的讨论 / 恢复性司法与惩罚性司法 / 美国原住民文化
共进的民主 / 改变现状

附录　怎样变得更共进　297

寻找人与人、环境与环境的共性而不是差异
支持他人而不是忠告他人，除非他们特意寻求忠告
打造双赢局面 / 采取宽仁原则 / 共进的角色扮演

后　记　308

鸣　谢　312

上部　性别化思维

1

绪论

1 绪 论

身为女性，意味良多。

其中的很多意味与身为女性其实毫无干系，是人为设定、发明、强加、附加的，是不必要的，是阻碍、破坏社会发展的，其影响不仅女性能感受到，其他人也都能感受到。

对此，数学思维又能发挥怎样的作用？

数学是一个由男性主导的领域。作为数学领域的一名女性，常常有人向我问及有关性别的问题：男多女少的情况如此严重是什么感觉？我对所谓性别上的能力差异有什么看法？我认为应该怎样解决性别不平等的问题？怎样才能找到更多的榜样？

然而，有很长一段时间，我对这些问题并不感兴趣。在我沿着学术的台阶一路拾级而上时，我心里想的都是怎样思考和怎样交流。

当我终于开始思考身为女性之事时，我才突然想起问自己：我之前怎么就没有觉得需要考虑这个问题呢？还有，我们怎样才能达到一种境界，让其他人也都不需要考虑这个问题呢？我梦想有一天，大家考虑的是性格而不是性别，是从性格而不是性别的角度树榜样，注重的是不同领域、不同行业的性格类型而不是性别平衡。

这种想法植根于我作为数学家的个人经历，却跨越并延伸至我的所有其他经历——在数学以外的职场中，在寻常的社会交往中，在这个仍然以男性为主导的世界里。这种主导不是像数学领域那样以庞大的人数来表现的，而是以权力集中为特征。

我年轻的时候可没有任何女性数学家可以做榜样。一方面，那时候的女性数学家少之又少；另一方面，就算我好不容易遇见那么一两位，也是既没有什么特别的亲近感，也没有特别想变得和她们一样的欲望。不过，我在成长过程中，身边也的确不乏身份各异、成就斐然的女强人：我的母亲、我的钢琴教师、我的女校长，还有首相、女王等等。

我努力拼搏以获得成功，但这种"成功"是社会定义的"成功"，是学习成绩好、上名牌大学、获得终身职位。我是按照既有的结构及上一代学者传承下来的蓝图拼搏成功的。

从一种意义而言，我是成功的，因为我看起来是成功了；从另一种意义而言，我又并不成功，因为我没感觉到成功的喜悦。我发现那些标志我表面"成功"的价值观其实不是我自己的，而是别人定义的。因此，我转而另辟蹊径，摈弃外部施加的卓越标志，按"帮助他人、贡献社会"的价值观来实现自己的人生目标。

在此过程中，我领悟了一些身为女性需要学习的东西，学到了以前从未重视的如何做人的道理，理解了人类对性别问题的思考方式是怎样在个体、人际、结构和系统的维度上阻碍自身前进的。

我头脑中始终萦绕未决的问题是：作为数学家，我能奉献什么？我又该怎样奉献，这不单单是从人生经历而言，更是从数学本身而言？

数学是什么？

大多数有关性别的文章都是从社会学、人类学、生物学、心理学的视角，或者干脆以彻头彻尾的女性主义理论（或反女性主义）的视角，而其中往往或好或坏都会涉及统计数字：不同场景下两性比例的统计数字、随机测试中所谓性别差异（或缺乏性别差异）的统计数字、不同文化中不同成就程度的统计数字，如此等等。

纯数学在这类讨论中又占据着何种地位呢？

数学不仅仅是数字和等式。对此我之前已有过大量论述。诚然，无论是在历史上还是在大多数教育体系中，数学都起步于数字和等式，但是，数学的内涵早已远远超过数字和等式本身，还包括关于形状、模式、图形、交互和关系的研究。

其中最为核心的，也是驱动数学命脉的，是可以作为立论框架的那部分主体结构，那才是支撑数学运转的基石。

这个框架由抽象和逻辑的双重原则共同组成。抽象是在某种情形下透过表面细节看到其核心的过程。抽象是建构逻辑论证的起点，因为逻辑论证必须是在核心层面上进行，而不是在表面细节的层面上做功。

除了计算答案和解题，数学还利用上述双重原则处理很多问题，揭示建立在思想之上但又往往隐匿于其复杂性之中的深层结构。我相信，正是因为数学有这个特点，才能帮助我们解答有关性别的棘手问题，而这些问题的确是一套复杂而模糊的理念，其背后隐藏着诸多奥秘。

数学是怎样运作的？

数学家蒂姆·高尔斯爵士（Sir Tim Gowers）论述了"数学的两种文化"，即解决问题和构建理论。

我觉得，在大多数人眼里，数学的全部意义就在于解决问题，而构建理论则是大多数人闻所未闻或者根本无人提及的。当然，二者也并不是截然分立的。我觉得，数学只有在二者兼具时才能达到最佳效果，即在构建理论的同时也解决部分问题。但是，"构建理论"又是什么意思呢？

数学理论属于描述性理论，而不是规定性理论。数学理论是描述一些表面问题的固在根源，但这并不仅仅是为了预测事物的发展方向，还能帮助我们转变思路，揭示问题的根源，同时帮助我们了解问题某些方面的运作机理。理论是抽象的，我们忽略了其中的一部分表面细节，但看清了内部发生的事情。

数学中的理论往往起始于某种观念或可能性，是由这种观念的结论、后果或属性集结而成的。有时候，理论的确是某个既有观念的重构，而即便是稍加重构也可形成截然不同的理论。如果你站在芝加哥汉考克中心大楼的楼顶，便会将整个城市尽收眼底，能看到广袤的文明丛林一直延伸到地平线。但是，如果你只是略微转换一下角度，直视密歇根大道，那片丛林就会变成一个网格系统，以近乎完美的排列突然弹跳到你的眼前。生活中，有时候只需略微转换一下角度就会有新的体验，而新的数学理论往往就是这样产生的。

接下来，我将提出一个理论（或者可能只是一种重构），来解决一个问题。

什么问题？

我在本书中要解答的问题，是有关性别平等之争的分裂性。虽然不是所有的争论都有分裂性，但很多都有。有时候由于对性别的谈论方式不同，争论会把人们推向相反的方向；有时候由于对讨论的内容不甚明了，又导致争论徒劳无功。以"女性主义"一词为例，这个词从一开始就存在一个问题：关于女性主义的定义五花八门。其对不同的人群而言有截然不同的蕴涵，所以争论的结果也免不了南辕北辙。有些人用的是最狭义的定义，为的是理直气壮地诋毁女性主义。例如：

> 女性主义意味着相信女人比男人好，男人都是坏蛋。

其他人用的是最宽泛的定义，为的是说服大家都来支持女性主义，甚至是为了说服她们自己无论怎样都是为了女性主义的伟大事业。例如：

女性主义意味着相信女性与男性拥有同样多的权利去选择自己的生活方式。

由于有些人的定义非常狭隘，有些人的定义又太过宽泛，在女性主义尚未真正得到定义之前，它就是一个分裂性概念。

除了这些定义之争外，还有各种不同的原因让一些人迫不及待地撇清与"女性主义"一词的干系。有些人将"女性主义"脸谱化为愤怒、仇视男人、反对家庭的女性，而这对于任何性别的潜在的女性主义者而言都是一个令人反感的形象，同时也凸显了女性主义概念具有分裂性的另一个来源：即便女性主义的本意是想克服男女之别，但它的本质却是要理清男女之别。不承认男女有别，就难以论证男女问题，不然我们就不会分别被称呼为"男人"和"女人"了。如此，我们就会被带偏，脱离主题，只顾争论男人与女人在哪些方面不同，在哪些方面没有不同。这种争论既让人分心，又毫无意义。

如此缺乏清晰性将会造成一个问题，它将我们带入一场元论证中，即一种有关我们应该论证什么的论证中。有一种观念认为：所有女性唯一共同的遭受压迫的经历，就是最具优势的那些女性——白人女性（具体而言是指富有的白人异性恋女性）所受到压迫的经历。除了这些优越女性所遭遇的问题之外，我们还面临很多其他的问题，也可能是更糟的问题，如种族主义、恐同症、财富不平等。因此，我们还可能因为论证哪些问题最重要、最紧迫而分心，从而忽略了如何解决所有问题。

哪些人又能从这些元论证中获益呢？我心中的答案是：当前实权在握且想守住权力的人。当女性围绕女性主义是什么意思、女性主义的哪个分支最有发言权、谁是最受压迫的人而相互争战不休时，当因种族、性、财富、地位、教养、教育、性别表达、体力或运动能力等原因而倍感受压迫的男性也在为发出声音而战时，当这种意见分歧在所有因任何原因感到身处劣势的人之间肆虐时，那些在当前手握实权的人就可以摩拳擦掌，趁机巩固自己的权力了。

然而，下定义和进行元论证，是数学很擅长的领域。

数学视角

在数学中，我们通过下基本定义来提出理论，通过探讨一些关键事例来阐明定义，通过论证理论的普遍性和有用性来证明它的合理性。理论之所以有用，是因为它能帮助我们解决具体的问题；理论之所以有用，是因为它能帮助我们更加清晰地思考问题。我要说的是，理论就具有这样的双重功效。

在数学中，事物必须**足够**普遍，**足够**有用。不求在各种可能的情形下都有用，哪怕只是在一种情形下有用也就够了，尽管这种有用性的确需要与它可能造成的阻碍效应相权衡。这有异于证据型论证模式。一个数学理论是否合理，不是取决于大规模随机抽样的统计结果。证据型论证一般都是通过大规模抽样来测试某些项目，看看是否具有统计学上的显著性差异。这大体上是不是好过什么都不做呢？就药物效果测试而言，这大体上是不是好过安慰剂呢？就男女差别而言，男性行为与女性行为大体上有没有区别呢？

数学推理则略有不同。首先，数学推理依据的是逻辑而不是证据。其次，数学推理更倾向于问：这**在什么情形下**会产生影响？甚或是：这在什么情形下**会**产生影响？这与问某件事物会不会产生影响截然不同。要记住，"平均"一词并不适用于单个的个体，无论它是指均值、众数还是中位数。"平均的人"并不是真实的人，说"平均的人"做了某事或别的什么事，并不是说多数人都会表现出这样的行为。

有不少证据型结果可能在均值上适用于一大批的人群样本，但却并不适用于单个的个体。基于大样本的平均结果并不能反映我们眼前个体的任何具体信息。这包括人们需要的睡眠量（有些人确实不需要太多睡眠）、保持健康体重所需的卡路里量（有些人需要的进食量远远少于官方建议的日摄入量），做运动是否会让人感觉更好（根据研究的平均值结果，做运动的确会让人感觉更好，但并不是人人如此），你是不是能中彩票（中彩票的概率微乎其微，但每个星期都有人中彩票）。

人们常说，个体的经验并不能概化到大批的人群，但反过来也同样成立：大批群体的均值经验并不适用于个体。那么，我们又该如何思考人的问题呢？

数学推理往往更像是案例研究。某些东西在这种情形下起了作用。是什么使它起了作用？我们能不能琢磨出怎样复制它，或者让它扩大作用的范围？这也是我将要运用的思维过程。

重要的是，在这种意义上，谈论个人经历是有效的，只要你不声称你的个人经历必然具有普遍性、统计学上的显著性或典型性。这属于案例研究，人们可以像数学家一样提问：是什么让它起作用的？我们又该怎样在此概念的基础上更进一步？

在本书中，我将列举一些在世界上取得成就的杰出人物，作为案例研究对象，重点介绍他们身上的过人之处。这些人中有不少女性，她们以自己的方式取得了成就，而不是靠模仿男性的英雄主义、勇敢、破纪录、无畏或运动精神。有时候，这也意味着她们的价值被社会低估了，对此我也有所阐述。我将介绍数学家埃米·诺特（Emmy Noether）、科学家乔斯林·贝尔·伯内尔（Jocelyn Bell Burnell）和罗莎琳德·富兰克林（Rosalind Franklin）做出的努力，活动家苏珊·伯顿（Susan Burton）及其倡导的更加人性化而非惩罚性的司法制度，弗洛伦斯·南丁格尔（Florence Nightingale）较为知名的和不太为人所知的成就，斯蒂芬妮·雪莉（Stephanie Shirley）和玛丽·波塔斯（Mary Portas）的经商原则，米歇尔·奥巴马（Michelle Obama）的职业轨迹，迪尔德丽·麦克洛斯基（Deirdre McCloskey）教授从男到女的跨性别（按她的说法）经历。

显而易见，我不是生物学家、心理学家、哲学家、历史学家，也不是社会学家、性别理论家、传记作家、神经科学家。我是一名数学家。所以我将以数学家的身份撰写本书，以数学家的身份构建理论，以数学家的身份探索人生。

我将围绕性别这一主题提出关于性别讨论的整个的重构。我将以相关的性格特质取代性别作为重点，以一些新的术语为核心，帮助我们从这个全新的维度入手。我将展示这个新视角怎样能从各个方面帮助我们向前迈进，无论我们是否身为女性。如同众多数学重构一样，相对于许多杰出人物在我之前的所写所思，这在某种意义上只是前进了一小步。但不知道为什么，一切似乎都只差提出一个新维度和新术语。这个问题已有很多文献阐述，但都没有提出解决方案。

我的研究领域范畴论也是从提出新维度和新术语入手。这显然也只是一小步，却对当代数学的整体思维模式都有影响。我觉得，我们的性别认知也可能会产生同样的作用。我提出的不是关于性别的数学，而是针对性别的数学视角。我将利用这种数学思维过程来反思我们讨论性别的整套方法。

数学的过程

数学不只是单纯地计算答案。事实上，数学的理论构建部分根本不关乎计算答案。以下简要介绍数学家构建理论时涉及的一部分环节。

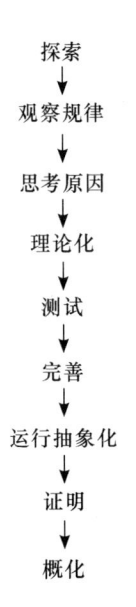

探索
↓
观察规律
↓
思考原因
↓
理论化
↓
测试
↓
完善
↓
运行抽象化
↓
证明
↓
概化

通常，第一个步骤是发现规律。在基础的层面上，规律可能是数字上的规律，如 10 的所有倍数尾数都是 0；也可能是形状上的规律，如以下三角形网格中就有多个小三角形拼成的不同大小的大三角形：

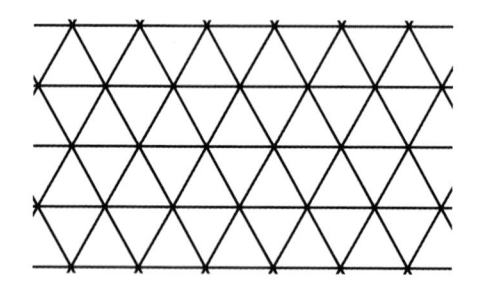

古往今来，人类在众多（或所有）文化中都会用到规律，由此在小理念的基础上构建大理念。大自然同样使用规律构建复杂的结构，如花朵上的花瓣和菠萝上的螺旋。根本而言，规律就是不同事物之间或同一事物不同部分之间的联系。在此基础上，就可对规律进行抽象化，将之引申到那些未必显而易见的现象上，如行为上的规律本质上是指某个人不同时期行为上的相似性，或广而言之，是指不同类型的动物或不同群落之间在行为上的相似性。

数学则是在不同事物之间建立越来越抽象的联系，这种抽象包括忽略某种情形的具体细节，从而发现某些深层次的相似性。

这就是类比的原理，而数学则不仅仅是宣告存在着某种相似性，还会进一步研究这种相似性的真正内涵，并把它看作新的理念，进而上升到一个更加抽象的层次。

$$1+2=2+1$$

类同于以下等式：

$$2+5=5+2。$$

但在数学上，我们不会止步于此，而是说，对于任何数字 a 和 b 存在：

$$a+b=b+a。$$

这种抽象化不仅降低了我们观点的模糊度，而且更加易于概括，可以拓宽思路，发现更多的例子。

同样，如果我们想到女性在会议上不发言、女生在课堂上不提问的规律，其抽象层次上的相似性就可归结为"女性在男女混杂的环境下不发言"。目前，虽然我们还没有统计这种规律的普遍程度，没有找出造成这种现象的原因，也没有想出扭转这种现象的方法，但在找出规律方面我们已经走出了一步，那就是剔除无关紧要的细节，重点关注真正重要的东西。这也是构建良好理论的关键一步。

随着我们思考为什么会出现某种规律，抽象化即开始发挥作用。数学的全部意义就在于问为什么，并不断刨根问底，不断寻找更加基本的答案。对于"女性为什么在混杂人群中可能较少发言"这个问题，一个肤浅的答案是"因为她们是女性"。我们可以检验一下这个理论，而得到的结果很可能是：有的女性实际上是发言的，而也有一些男性是不发言的。也许我们能在身为女性与不发言之间找到某种统计性关联，但抽象数学则在挖掘一个更深的层次：**为什么**身为女性会在统计学意义上导致这种现象？如果仅仅是统计学意义上的现象，那么就等于是未经完全确定的因果关系，因此是不是能够进一步挖掘，找出其中的因果关系呢？那时我们可能会发现，造成这种现象并不是因为她们是女性，而是关乎人与人之间的关系，关乎不同人之间相互关联的方式。主张研究关系而不是固在特性，这与范畴论的思想不谋而合。范畴论是现代数学的一大进步，也是我本人的研究领域。

范畴论的概念

范畴论被认为是数学的一个"基础性"分支，因为它研究的是数学自身的运行机制。在范畴论之前还出现了集合论，但因为它的思想原理不同，所以两者间的技术细节也大相径庭。集合论的理论基础是：数学的基本出发点是**归属性**，即某个给定事物是否归属于某个特定集合的问题。这就有点儿像社会的各组成部分都是某个"俱乐部"的成员，无论是老式的专属性绅士俱乐部等严格意义的俱乐部，还是具有相同信念者组成的政治"部落"等抽象意义的俱乐部，不为别的，更多是因为人们感觉他们像是那个部落的成员。

范畴论立足的则是一个不同的起点：**关系**。范畴论的理论基础是：通过观察某个事物（或人）与周围事物（或人）之间的关系，即可了解该事物（或人）的很多情况。

从以下的两张图中可看出这两个概念之间的差异。集合可被描绘为某个边界内围合的一组物体，其中界内和界外是由某些固在特性决定的。

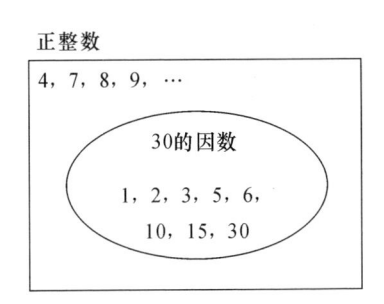

正整数

4，7，8，9，…

30的因数

1，2，3，5，6，10，15，30

相反，范畴可以被描绘为一组物体，其中以箭头组成的网格表示物体之间的相互关系，这有点儿像家谱图，只不过其显示的不是上下辈关系，而是哪些数字之间是以因数的形式相互关联的。

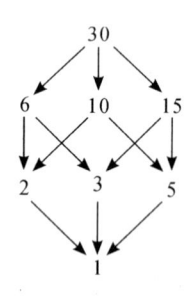

```
            30
          ↙ ↓ ↘
         6  10  15
         ↓╳  ╳ ↓
         2  3  5
          ↘ ↓ ↙
            1
```

就某种意义而言，这不过是视角上的些许变化，但它却将现代数学带入一个全新的方向。就我们性别理论而言，我们可以将集合论方法看作根据某些固在特性来定义地球上的女性集合的方法。有人说女性是由染色体决定的，有人说是由生殖器决定的，有人说是由激素决定的。事实上，这些定义并不像某些人设想的那样界限分明，而且定义与定义之间也不太匹配。

我将采用的是一种基于范畴论概念的方法，目的是思考人与人之间的相互关系，而不是他们的生物学特点。有史以来，人们在不断尝试从行为的角度，以及男性和女性与他人之间关系的角度定义什么是男性气概，什么是女性气质，还有人将性别定义为一种社会建构，而不是生物学描述上的性。但在本书中，我将提出一种理论，这种理论**只**考虑人与人之间的关系，而不在这些行为上冠以性别的标签。它可能在统计学或生物学意义上与性别相关，也可能毫无关联，但那属于不同的研究类型，也并非真正的重点。如果一味讨论某些行为是基于生物学还是社会学，就很容易偏离主题，而且不太有意义，有意义的是人与人之间的实际关系。

主张关注关系**而非**固在特性，是"范畴化"思维概念的重要内涵。我指的是按照范畴论理论进行数学意义上的思考，而不是以固定的、明确的、不可动摇的方式进行非技术意义上的思考。我常用"灵活性"一词，这次不巧又用上了，因为数学范畴思维中的一个重要因素就是灵活性，这一点将在下文中阐述。

范畴论之所以灵活，是因为它思考的是关系，而不再陷入固在特性的紧箍咒里。这样我们才有可能将概念推广到更广泛的领域，使之延伸到迥然各异的不同人群，甚至任意缩放范围，从游戏、玩具之类的小事，到学校、公司和社会整体的大事。我在上一本书《逻辑的艺术》中写过一个例子，就是思考权力结构在社会中产生了富人、白人或男性等特权阶层，或他们之间的不同组合。其中的关系则是富人与非富人之间的关系，白人与非白人之间的关系，或男性与非男性之间的关系。将这些关系合并起来，绘成关系图如下，显示拥有那些特定特权的不同组合的群体之间的关系。

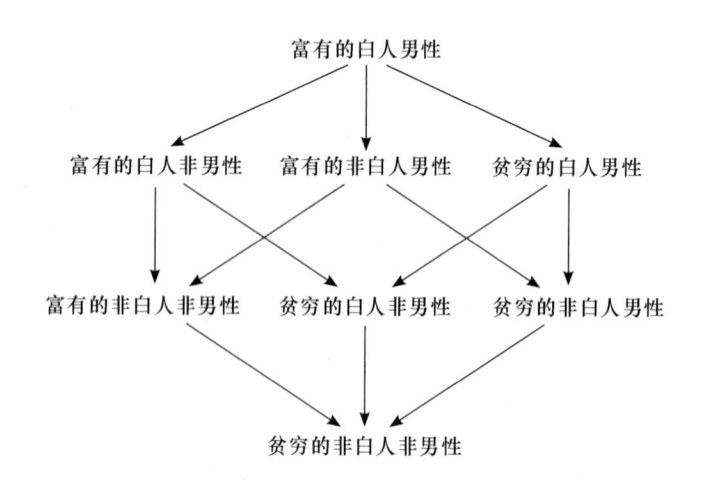

```
                    富有的白人男性
                   ↙      ↓      ↘
       富有的白人非男性  富有的非白人男性  贫穷的白人男性
                   ↓ ⤫  ↓  ⤫ ↓
       富有的非白人非男性  贫穷的白人非男性  贫穷的非白人男性
                   ↘      ↓      ↙
                    贫穷的非白人非男性
```

图中的箭头只是描绘了假定丧失某种特权的情形，没有对它的原因或后果进行任何说明。

1 绪 论

由于我们考虑的只是拥有或不拥有那些特权的人之间的关系，因此，我们可以将这个模型应用于任何其他类型的人群之间的任何其他类型的特权，比如将我们的关注重心限于女性，思考身为富人、白人或顺性别人士的特权，绘成的关系图如下。

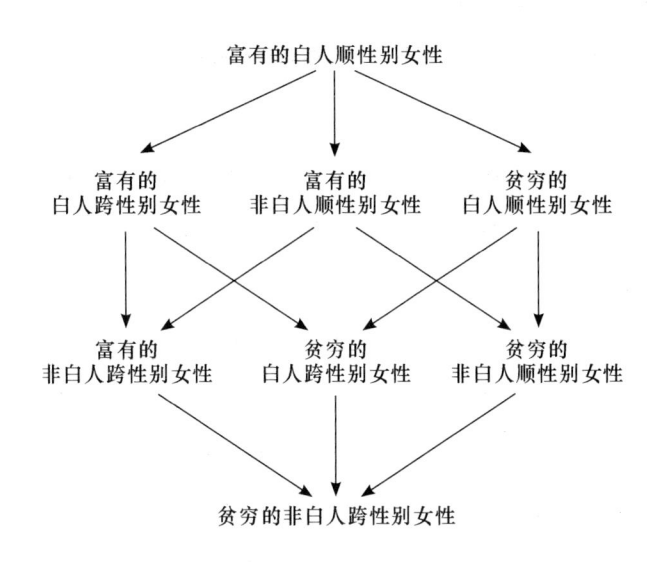

```
                    富有的白人顺性别女性
                   ↓         ↓         ↓
           富有的         富有的          贫穷的
        白人跨性别女性  非白人顺性别女性  白人顺性别女性
                   ↓         ↓         ↓
           富有的         贫穷的          贫穷的
       非白人跨性别女性  白人跨性别女性  非白人顺性别女性
                   ↓         ↓         ↓
                    贫穷的非白人跨性别女性
```

这种抽象结构并不能解释这些关系从何而来，也不能解释它们在实际生活中的具体表现，更不能解释在你（同我一样）认定这种情形需要解决的时候又该如何解决。然而，它也确实能让我们多少了解问题所在，将注意力集中在与某个给定情形相关的一些问题上，将其中的一部分关系归总成单一的单元，这样才能更加轻松地将之容存于大脑之中，从而更加顺利地在不同情形中探索，寻找其中的规律。正因如此，我坚信范畴思维能增进思维的灵活性，同时增加探索的深度和应用的广度。事实上，这也是所有抽象数学的关键点，是一种源自忽略某些情形的细节的灵活性，就像甩掉行李轻装出行一样。在数学中，这种抽象结构能让我们在差异巨大的情形之间找出规律，比如说，能看出这些特权图与我之前绘制的 30 的因数图形状是一样的。

然而，正如轻装出行一样，你可能会担心落下了什么东西，担心在忽略某些细节的过程中会丢失什么东西。这种担心是合理的。的确，在寻常生活的讨论中，事物往往会被过度简化，从而丢失了重要且高相关度的细节。

数学的关键在于，我们会根据已确定重点关注的事物，来选择暂时忽略哪些细节，而这种忽略也只是暂时之举。我们甩掉了行李，但没有烧掉行李，而是明白这些行李还可另作他用。这属于暂时的抽象化，是为了探索一种情形的某个特定因素，而不是一劳永逸地抽象化，觉得其能表征整个情形。

对于性别问题，这一点也十分重要，因为我们重点讨论的对象是人与人之间的相互关系，而不是固在的或生物学的特性。然而，我们也不是在声称固在特性绝不具有相关性，可以永远被遗忘。在很多情形下，性别或性的确起到了一定的作用，无论是生物学方面的原因，如生殖或医学问题；抑或是社会学方面的原因，如偏见和骚扰；或是统计学方面的原因，如人体平均体格和体力。

临时抽象，就是将问题剥离出来单独研究，就像在对照实验中一次只尝试改变一样东西，以便掌握到底是什么原因造成了什么样的结果。如果我们把性别与性格类型混为一谈，就不是在做对照实验，而是在混淆问题了。

临时抽象同时兼顾了多元交叉这个棘手的问题。而且，除了考虑那些性别支配型权力不平等外，还要考虑其他形式的权力不平等，如种族、财富、性征等。在抽象数学中，我们不做实验，但会试着通过一次考查结构的一个方面来研究复杂结构。这在某种意义上是数学版本的一种受控实验，它的目的不是抹杀其他结构，而是逐一确定每个结构分别产生了哪些结果。

举一个基本的例子：如果我们尝试研究数字世界，就会发现它有非常丰富的结构，可以在其中加、减、乘、除。如果我们尝试同时研究所有的东西，就可能会弄不清到底发生了什么。相反，我们可以单独研究加法的概念，然后发现减法与加法密切关联，根本无法分割开来。乘法似乎也与加法相互关联，因为人们往往会认为乘法是"加法的重复"——5乘以3就等于5与5重复相加：5+5+5。然而，如果上升到更抽象的层面，乘法又可以被视为一个单独的运算，这样又拓宽了应用范围，延伸至非数字事物的相乘，如形状、集合或范畴论中的整体结构。

在本书中，我的性别视角就是像这样来区分问题的。第一步是暂时将重点放在性别问题上，尽管还有许多其他紧迫问题要解决。下一步是注意性格特质可能被认为与性别相关联，但实际上未必需要相关联，我们可以把它们看作更抽象层面上的一个单独的问题，从而拓宽应用范围，延伸至非人的事物，如结构、体系、社区、论证等。在某种意义上，这就是引入了一个新维度。

维度

维度与规律一样，可以指数学中抽象程度更高或更低的事物。具体而言，维度就是我们在物理空间上能够移动的不同而独立的方向。我们的正常世界是三维的，因为有南北方向、东西方向、上下方向。（因为我们生活在球体上，所以这一点略显复杂，但其原理不变，只是需要更加小心而已。）南和北不算是不同维度，因为它们互不独立——南是北的"负数"，东西方向同理。东北不算是不同维度，因为东北可以表达为东和北，所以并不"独立"。

这种关于一个独立的新方向的观念，为数学中的方向提供了更抽象的概念。这个"方向"自身可以是抽象的方向，进而是思维的意识形态方向，而不是物理运动的指南针方向。如果你测量某个人身高多少，还有头发是什么颜色，那么这些东西就是相互独立的，因为你无法从头发的颜色来说明身高多少。范畴论可以被视为比集合论多了一个维度，因为尽管每个物体单独看来可以说是零维的，但物体之间的关系却将它们联系起来，而这些联系是一维的，就像道路一样。举个例子：当我们把若干数字放在一条数字线上，它们会从一组随机的零维点变成一个由数字之间关系构成的一维线：

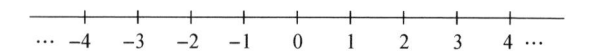

$$\cdots\ -4\ -3\ -2\ -1\ 0\ 1\ 2\ 3\ 4\ \cdots$$

我们将在有关性别的讨论中引入一个新维度，这个维度是关于人与人之间的关系的。我将从女性融入社会的角度，思考人与人之间是怎样相互关联的。但是我们采用的方式无需直接与性别挂钩。它不仅与性别不同属一个维度，而且我相信，它与有关性格特质的现有的思考和讨论方式也不同属一个维度。

定义新维度并非易事，因为你无法通过既有的维度来表述它。然而，这种形式的抽象发明在数学中却司空见惯。这可能有点像是胡编乱造，但也未必是坏事。比如说，数学家就通过取负数的平方根而发明了一种新的数字类型，叫**虚数**。我们有时候会说负数取不了平方根，但其实是说没有哪个普通数能作为负数的平方根。那么，换作其他种类的非普通数又会如何呢？

数学家就是这样创造出了形象生动的"虚数"。从基本而言，我们只是发明一个数字 i，用它作为 –1 的平方根，所以 $i^2 = -1$。我们不知道 i "是"什么，我们只知道它与 –1 的关系。我们还可以得出结论：如果普通数呈一条线分布，那么这个古灵精怪的数字 i 就不可能出现在这条线上的任何地方，所以倒不如从某个新的独立方向描绘这个数字：

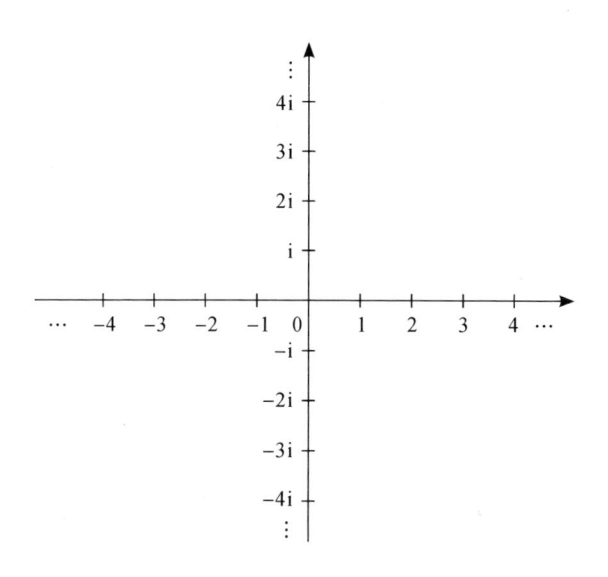

在此意义上，我们就发明了一个新维度。你可能会认为我们不过是自己编造了这个数字，而且我们也承认它是编造的，所以才给它取名"虚数"。但是，抽象数学中的一切真的都是编造出来的。我们编造出了普通数1，2，3……它们实际上都是什么呢？它们不过是概念而已。所以我们也能编造 i 的概念。我们能编造任何概念，只要它不引起矛盾。

非同寻常的是，这个看似虚构的世界却为我们熟悉的普通世界带来了丰富的启示。有时候事实会证明，我们看世界的维度实在太低了，所以一直看不懂世界，就像看墙上的阴影一样。这些阴影是三维场景的二维投影，有时我们很难弄清真实的三维场景到底是怎样的。事实上，阴影往往还会误导我们，让我们以为发生的是完全不同的事情，如下图中的例子。

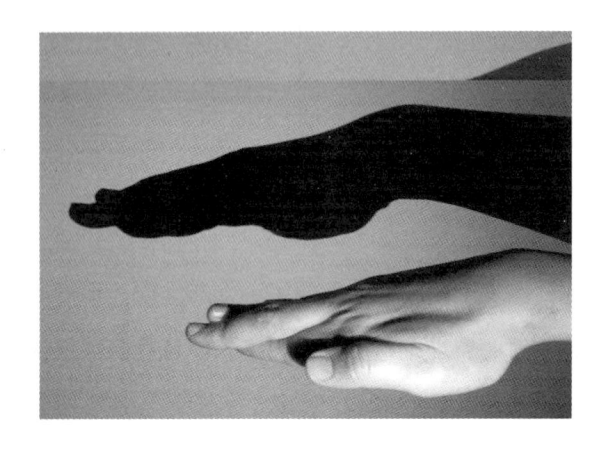

1　绪　论

那其实是我的手在扭曲姿势下的影子。

在抽象维度上也会出现误导性"阴影",包括我将引入来反思性别的维度。一直以来,我们在审视性别不平等时都没有用这个维度,我相信这也是我们一直未能直入主题的原因。我相信,尽管这个新维度有点儿像是我刚刚才编造出来的,但它能让我们更好地理解熟悉的情形。事实上,就像集合论之后出现范畴论,这在某种意义上只是视角上的微小变化,但我相信,这个微小的转变能从根本上扭转我们看待事物的方式,使我们的认知更清晰,更简明。

新维度不易驾驭,因为没有历史的经验可循。但在数学中,给新维度命名是很有意义的。命名只是迈出的另一小步,但它能快速帮助我们梳理思路,然后再更进一步。其他学者曾提出对这个主题增加新的术语,但我想再进一步,提出若干词语。你可以有思想而没有词语,也可以有思想但各用各的名称。但是,假如没有"范畴"这个词来描述我们想到的新型结构,就难以发展范畴论;假如我们不用新名称 i 来指代 -1 的平方根,而是一直沿用那种啰啰唆唆的方式,就难以研究这个数;假如我们拘泥于那些古老且往往性别化的术语,就难以继续性别之争。给新的理论命名是理论研究进步的切入口。

怎样取得进步？

利用这个新理论，我们能取得的进步大致是双重的，可以从这两个方面加以评估。数学理论的评估有实践性的一面，即这个理论具有哪些实践意义；还有理论性的一面，即这个理论是否具有通用性和灵活性，而且既能找到大量事例，又能区分出针对性问题，从而达到二者的平衡。当然，实践性与理论性是相互联系的，而理论评估背后的理论（如果不是太过拗口的话）大概是：这些都是一种理论的迹象，其最终将使得我们能够做很多事情，甚至是我们目前还不知道的事情。

范畴论的重要作用之一，是让我们能够形成更加细致入微的方法来思考事物的同一性。如果我们从固在特性着眼，就往往会认为，只要事物具有相同的固在特性，它们就是相同的；如果我们从关系着眼，就会发现，即使事物和人的固在特性不同，也能以相同的方式与其他事物和人建立联系。在有些情况下，固在特性可能至关重要，如它使某人在电影中可以作为某人的替身——但即便如此，他们也只需要在某些方面相似。如在2012年奥运会的开幕式上，男特技演员加里·康纳利（Gary Connery）就做过女王的替身，从直升机上跳下，再乘降落伞抵达会场。

在讨论性别问题时，我们往往会陷入这样的局面：我们一边竭力论证男女是"一样的"，一边又疲于应对在数学、科学、商业、政治、财富等众多行业都存在的男性远多于女性的事实。有的人只是耸耸肩，坚称男女是不同的，因而这种不平等不算不公平。其他人则表示情况的确很糟糕（因为男女是"一样的"），但仍然认为我们对此无能为力，因为我们要对男女"一视同仁"。

运用基于范畴的视角，会让我们了解这一点：既然男女与他人相关的方式相同，我们就能对男女一视同仁了。这并不是说所有男女都是一样的，那就过于简单粗暴了；而是说我们可以发现哪些行为类型是重要的或有益的，发现哪些人有这种行为表现，从而对他们"一视同仁"。比如说，相比说"男性比女性更多地要求加薪，所以男性的薪水比女性高"，我们可以说"要求加薪的人挣的工资更高"（无论是男是女）。[1]我们可以再进一步，接着问这是不是我们所希望的制度运行模式：要求的工资越高，得到的工资就该越高吗？我相信，应该根据实际工作的评估结果来增加工资，而不是单纯因为有能力要求加工资就给他加工资。这样就给出了一个更加细化的解决方案。相比以"男女是一样的"为由而支付给女性同样的报酬，这样做的确是加大了难度，但大大减少了分裂性。

同一性的概念既能应用于结构内的个体，也能应用于结构自身。这是具有范畴论及抽象化的总体所特有的灵活性的一种放大和缩小的形式。具体的事物则太过固定，无法像这样使用。书就是书，但如果我们更抽象一些，把一本书看作以统一化的条理来交流的观念的一个集合体的话，我们就可以拉远镜头，将其应用于图书馆；还可以拉近镜头，将之应用于单个章节甚至单个段落。

这个我们借助于突破性别化思维束缚得到的新维度必须足够抽象，才能不仅适用于人，而且还能适用于不同的人群或过程。我们可以将它应用于不同的活动、不同的关

---

[1] 值得注意的是，有证据表明，即使女性要求加薪，她们的工资也不如男性高。

系、不同的教学方式，甚至是不同的数学类型。如此一来，这种程度的抽象就具有了一种优势，是任何描述与此新维度相关性格特质的既有术语所无法企及的。

只有这样，一套理论才能成为数学中的良好理论；只有这样，这个理论才具有发展潜力，因为它的适用范围远远超过最初的构想。以对称的概念为例：它起源于物体中我们能看到的某种能对折，然后两边对齐的东西（如下图所示）。

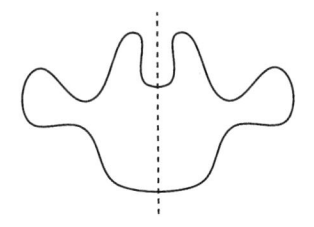

但是，如果我们将对称广义地理解为一个物体与其自身的关系，即我们能以某种方式使这个物体运动，但它看起来还是和原来一样，那么我们就引入了旋转对称的概念，就像风车一样，或是像下图一样。这个形状是由上图中相同的两半组成，但它们之间不是镜像关系，而是旋转关系了。

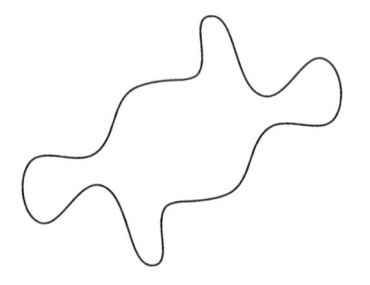

如果我们不是单纯使物体运动，而是将这个原理拓展到物体的其他类型的变换，就会想到物体无论是放大还是缩小看起来都是一样的，这就得到"自对称"，如下图中的分形树。

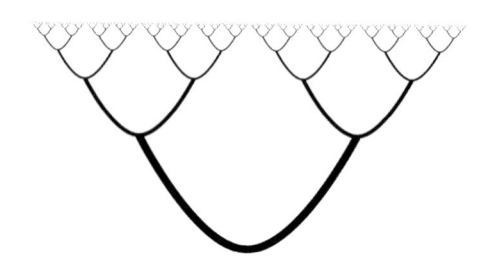

如果我们进一步拓展，引入抽象变换（而不仅仅是物理变换），就会得到"对称式"，如以下公式：

a^2+ab+b^2。

这就有了抽象对称,因为如果我们通过交换 a 和 b 进行变换,则有:

$$b^2+ba+a^2。$$

这其实与原公式无异。

为此,数学中的新理论不可能一开始就是全面的,或者就算是全面的,恐怕也是一个相当有限的理论。好的理论的扩展范围是无限的,就像范畴论最初仅限于抽象代数的一个非常具体的部分,后来才扩展到纯数学的其他部分,然后再扩展到理论物理和理论计算机科学,近年来又拓展到生物学、化学工程和商业领域。

范畴论就是这样凭借抽象化、灵活思维及从不同方向看待事物(由外及内,由内及外)的方式而发展起来的。有时候,我们选择某些想要研究的关系,再细思这些关系会造就怎样的世界;有时候,我们思考我们想要研究怎样的世界,再细思是怎样的关系会为我们造就这样的世界。这就有点像数学乃至实际生活中的内在进路和外在进路,你可以选择一条路,看看它会把你带到哪儿;也可以选择一个目的地,再细思哪条路可以把你带到那儿。

如果二者一致,往往就表明你找对了方向,而且还会使你有极大的成就感。如果二者相左，就需要确定哪个对你更重要。如果你想去看看埃菲尔铁塔，但半路上发现有一条街道非常漂亮，看起来实在诱人，那么你是沿着街道往前走，承受错失埃菲尔铁塔的风险，还是继续向前，忘记那条漂亮的小道？

抽象数学不同于具体世界，因为我们所寻找的东西可能是梦想或者梦想世界。

梦想世界

梦想世界从严格意义上讲并不完全"真实"（无论"真实"的蕴涵如何），但它仍然能帮助我们了解周围的世界，就像小说那样（这也是要认真看待诠释艺术的原因）。梦想着我们想要看到的世界，能帮助我们厘清自己的基本信念是什么，比如可以拉近视角，梦想我们想要过的是怎样的生活。对于有些人，这意味着无限的财富，这样他们才能拥有名牌衣服、私人飞机和游艇；对于其他人，包括我，这意味着帮助他人理解事物，总体目标是扶持弱势群体。

这些目标差异颇大，需要不同的活动来实现它们。尽管我实际上并没有无限财富，但梦想自己有了无限财富会想做什么，去帮助我了解自己的基本信念，进而在生活中做出既利于个人，也利于世界的改变。

数学不仅帮助我们找到正确答案，而且使我们梦想出不同的世界，实现不同的理想。比如说，学生们（还有成年人）常常会问无穷大是不是数字，答案是这要看你梦想出的是怎样的数字世界。无穷大不在我们日常数字的寻常世界中。如果我们只是通过天真地"发明"无穷大这个概念，就想在这个寻常世界中理解它，那就会产生形形色色的矛盾和悖论。但是，我们可以用很多方法来梦想出不同的世界，它们既能包含无穷大，又不会引起这些问题。

在范畴论中，我们可以通过不同的方式梦想出世界。我们可以确定自己想要重点关注哪种类型的关系，看看这种关系能造就怎样的世界；我们也能确定自己想要看到哪种世界，再看看哪种关系能实现这样的世界。无论我们要寻求何种形式的社会正义，都能受益于以上两种角度。在本书中，我将从这两个角度来梦想世界。我们可以先梦想出自己想象中的乌托邦，以增进对我们所关心的整体特征的了解，然后再尝试并想出哪些小步骤能让我们从眼前的情形出发，去实现乌托邦之梦。我们也可拉近视角，想想我们重点关心的是人与人之间的哪些互动，再拼合那些局域特征，看看会产生怎样的全局结果。有时候，问题的产生是由于人们固守局域特征而无视导致它形成的全局特征，如坚持以成就评估人（而不考虑性别、种族或社会经济背景等生活劣势），就会让弱势群体的社会参与度长期处于低位。如果看似公平的局域行为导致不公的全局结果，我相信，与其无视全局后果，不如根据事项的重要程度慎重取舍，就像埃菲尔铁塔和诱人的街道那样。如果梦想乌托邦与思考局域问题得到的全局结果是一样的，那就再好不过了。我相信我要提出的理论也是如此。

本书的最后，我将畅想这些关于性别的新思维方式会带来怎样的世界。我必须承认，对于很多人，性别偏见并不是他们面临的最危及生命的问题。但我也相信，这仍然是一个严重的世界性问题，虽然前人已经开展了卓有成效的研究。我也相信，在我们竭尽所能帮助这个世界的同时，也应该认识到自己的局限性，同时更加努力，为创造出我们的理想世界而奋斗。

我想看到一个更加公平的世界,让人们不再被无关紧要的特征所羁绊。我觉得,性别在实际生活中往往被做了毫无意义的关联。我梦想的是一个这样的乌托邦:在那里,我们关注的是性格特质而非性别;在那里,我们打破陈规旧俗,不再将这些特质与性别相关联——比如力量、抱负、信心、共情、善良、沟通技能。我不想看到男性与女性为争夺主导权而彼此对抗。我不想看到"男性气概"和"女性气质"的性格特质按照彼此对立的指标被评价,成为一场零和游戏。我不想看到女性非得要比传统的男性更男性化才能成功,而实际上成功的路不止一条,甚至还有其他方式能够超越那些传统形式的成功,为社会做出有意义的贡献。

我想看到这些问题有更加统一的讨论和统一化的解决方案,使我们能够避免在这个过程中将男性与女性分离开来并抹掉非二元人群。世界不是非男即女的二元结构,而是由无数的我们组成的共同体。本书承载着我的梦想,阐述了怎样应用数学思维构建一个更美好、更公平的世界,这也是实现这个世界的蓝图的第一步。让我们从小事做起,逐步积累,越来越多地涵盖并变革那些有待完善的社会结构。

在二维数学中,我们会绘制 x 与 y 相对应的二维图形。但 y 并不是非得与 x 对立。x 可以与 y 相加,形成新的维度和新的思维模式。

2

差异之难

2　差异之难

男性与女性在某些方面是不是存在天生的差异？如果是，那么对男女的差别对待是不是合理的呢？

首先，让我们审视一些与此相关的问题，尤其是那些用来证明"肯定答案"有理的论证。我们将从数学的角度审视并反驳这些论证。我们将证明那些表明性别不平等"不过是自然规律"的论证有多么不堪一击。但我们的最终目的不仅仅是反驳这些论证，而且要重构整个辩论的框架，使我们能够不用在与性别差异无关的地方思考它，不再陷入那些主要服务于当前社会掌权者的话术之中。

为什么要死死抓住性别差异的思维不放呢？想想谁会从中受益，再问问本研究的目的，真相就会一目了然。为什么要拼命证明男女之间在智力、科学能力、竞争力及其他似乎能赋予崇高社会地位的特质上存在与生俱来的差异？咬定先天差异的其中一个总体原因，是给自己在某方面的不在行找借口。如果我说自己天生就不擅长运动，这就给我运动实在太差找了个借口。相反，当人们说我在钢琴方面"天赋"异禀，那也就是否定了我投入的数千个小时的练习。人们可以说自己属于右脑发达的创造型人才，并以此作为缺乏条理的借口；也可以吹嘘自己是左脑发达的逻辑型人才，以此作为反应麻木的借口。（尽管左右脑理论已经在很大程度上被证明是伪科学。）

说人们天生具有某种特质，还有一个更令人反感的原因，那就是避免帮助他们做得更好。这样就不用应对我们的偏见。如果我们能够以某种方式论证女性的智力天生就不如男性，那么我们就无须应对教育、科学、商业、政治和各个权力阵列中的不平等问题。如果找出了"与生俱来"的生理差异，那么对于那些寻求伪理性依据来维持女性歧视型结构的人来说，这些差异就成了他们立论的弹药。

如果论证的焦点是生物学问题，那么数学能为我们做些什么呢？数学为我们提供了一个提出论证并评估论证的框架。通过它，我们可以评定任何具体观念的价值。正因如此，数学能与所有那些貌似无显著"数学性"的事物相关联。人们常常会认为数学无非是数字和等式,所以那些不涉及数字或等式的东西似乎都不具有"数学性"。但我认为,凡是涉及某种论证的东西,都可以用数学方式来研究。

一种数学论证被称为一项"证明"。它就像一种旅行,有起点,有终点,还有一套运用逻辑推导从起点到达终点的方法。因此我们通过思考起点、思考逻辑推导来评估数学论证。

除此以外,旅行往往不只关乎到达目的地,而且还关乎到达目的地后能做些什么。有时候,你除了欣赏风景和返回外做不了什么,比如你爬了一座山;但有时候,你到达了一座充满人文气息的城市,在那里你可以探索、学习并挑战自己的世界观。

我们将运用这个视角来评估一些有关性别差异的既有论证,再论述它们在哪些方面存在瑕疵。然而,这些既有论证的表述与数学论证有所不同,因此我们首先要做的是(尝试)找出论证的逻辑结构,再抽丝剥茧,将它表达得更像是一种数学证明。这种剥去外层的过程是数学运算中的一个重要步骤。外层的现象往往会掩盖论证的真实结构,有点像是变戏法中的遮人耳目。所以，剥去外层往往会暴露论证的瑕疵。正因如此，数学才会使用非常精确的语言和抽象概念，尽量降低那种误导的可能性。这与在天体海滩上难以偷偷携带武器是一个道理。

案例研究

下面列举一个有关科学和数学领域的男女不平等的常见话术，其涉及按"系统化"和"同理化"对人进行评估。[1]

男性的大脑往往是系统化强于同理化，而系统化对于数学意义重大，所以男性数学家当然要多于女性数学家。

这看起来像是一个简单的蕴涵串：

1. 身为男性就意味着更擅长系统化。
2. 更擅长系统化就意味着更擅长数学。

---

[1] J. Billington et al., "Cognitive style predicts entry into physical sciences and humanities: Questionnaire and performance tests of empathy and systemizing", *Learning and Individual Differences*, vol. 17 (2007), pp. 260-68.

3. 因此，身为男性就意味着更擅长数学。

现在，如果这个蕴涵串就是数学证明中使用的有效逻辑蕴涵，那么结论就是正确的。这是因为在纯逻辑中，如果我们知道"X 意味着 Y"且"Y 意味着 Z"，那么得出"X 意味着 Z"的结论在逻辑上是有效的。正是通过这样的推论，才能从一小步做起，一步一步构建复杂的逻辑证明，而所有的步骤完美契合，形成由起点到结论的连续台阶。

然而，在上述情形中，它们并不是真正逻辑意义上的蕴涵，而是更复杂、更难的东西。第一步是一种统计学观察，而不是一种逻辑蕴涵。有人观察发现，根据对这些事情的所谓定义，男性就平均而言，往往系统化的能力优于同理化。第二步，说系统化对数学很重要，其状态是介于假定与观察之间。说它对数学很重要，听起来似乎合乎逻辑，但那是假定了"系统化"的真正意义，假定了哪些技能对研究型数学家（相对于擅长心算或数学考试的人而言）真的很重要。虽然有些观察型研究支持这种说法，但就算如此，结果也还是与统计学相关的观察结果。

既然说这些都是统计学观察结果，那么问题就来了：

这种影响是男人与生俱来的，还是属于后天培养的？更诚实的论证链应该是这样的：

1. 据观察，根据相应词语的某种特定定义，男性在统计学意义上往往更擅长系统化而不是同理化。
2. 据研究发现，这种系统化与成为数学家之间存在相关性。
3. 因此，我们可以想见，成为数学家的男性数量相较女性更多。

这个结论就较之前弱了不少，反映了论证中采取的步骤实际上是多么不堪一击，完全没有反映性别不平等长期存在是否不公，是不是生物学上不可避免的存在。

下面，我将根据以上蓝图，提出关于这些弱论证的通用理论。

关于弱论证的理论

数学过程中的一个重要步骤是构建一个能揭示多种情形的通用理论，这常常是借助抽象法实现的，即剥去一些外部细节，露出情形的真相，用它作为其他情形的基本框架。正因如此，我才会引用字母 X、Y、Z 来取代上述论证的某些部分，即聚焦论证的逻辑结构，而这个结构并不真正依赖具体情形中 X、Y、Z 实际代表的细节。

在阐明了合理的逻辑论证是什么样子以后，我们就可对比一下不合理的弱论证是什么样子了：

1. 据观察，在某些特定情形下，男性就平均而言都具有特质 Y。

2. 男性据信适合开展活动 Z，但没有任何特别有力的依据。

3. "因此"，男性天生就更擅长（或更不擅长）Z。

4. "因此"，我们无需对活动 Z 上偏重男性进行任何改变。

本书中，我们将重点讨论性别问题，但值得注意的是，这种通用形式的论证也非常广泛地适用于性别以外的其他严重不平等的情形，包括种族、财富、教育背景、性取向等方面的意见分歧。抽象化的一个优势，是除了直接考虑的事项以外，还能帮助人们看到其他众多情形之间的联系。

总之，通过一系列偷梁换柱的方式，弱论证可以被巧妙却不合法地变形为貌似更强的论证，就像之前的例子。"男性在统计学意义上往往是系统化的能力优于同理化"，就变成了"身为男性意味着更擅长系统化"，其中涉及某些有关统计学的不牢靠推论。这种偷换的抽象版本大致是这样的：

男性就平均而言具有特质 Y

↓

男性具有特质 Y

还有一种偷换，是将"男性据信更擅长系统化"变形成"男性天生就擅长系统化"，将这种影响假定为与生俱来而非后天习得。就是这种欺骗性论证，才让某些人断言性别差异属于生物性质，所以错不在歧视。这种偷换的抽象版本是这样的。

据观察，男性具有特质 Y

↓

男性天生就具有特质 Y

接下来的偷换，是将"男性更擅长系统化"变形成"男性更擅长数学"，用（所谓）已测量的事物替代某种较难测量的事物。它的抽象版本是这样的：

男性具有特质 Y

↓

男性更擅长 Z

这里，Y 被没来由地随意偷换了概念，变成了 Z。这三种偷换可以结合起来，通过这种不易察觉的递增，大大减弱了论证的有力性。也就是说，如果从下图的顶部开始，我们可以通过箭头下滑，狡猾地声称自己在顶部以下的任何地方，但我们每沿着箭头下滑一次，论证的瑕疵就更多一些。

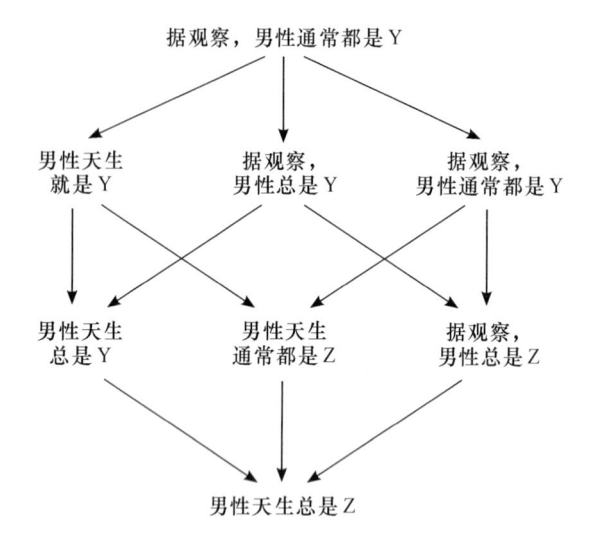

```
                    据观察，男性通常都是 Y
                  ↙           ↓          ↘
          男性天生        据观察，        据观察，
          就是 Y         男性总是 Y      男性通常都是 Y
             ↓    ↘   ↙    ↓    ↘   ↙    ↓
          男性天生      男性天生        据观察，
          总是 Y        通常都是 Z      男性总是 Z
                  ↘          ↓          ↙
                        男性天生总是 Z
```

  这个理论既然具有普遍性，即意味着可以适用于大量存在性别不平等的事例中。在数学中，理论的评判标准是看它所统合的事例范围是否宽广，对那些事例的启示有多大。所以，在创建数学理论后，我们一般都会利用一些事例进行试验。我们可以试着将它应用到另一种被用来证明学术界性别不平等的论证上，这次是物理学界。[1]

---

[1] 参见 A. Strumia 的《基础物理学中的性别问题：一项文献计量分析》(*Gender issues in fundamental physics: A bibliometric analysis*) 2019 年预印本。

1. 在物理学界，男性的学术引用比女性多。
2. 引用是物理学能力的一大指标。
3. 因此，男性比女性更擅长物理学研究。
4. 因此，物理学界男多女少是公平的。

第一点已有大量文献论述了，但第二个论证却不像偷换概念那么简单，更像是一次巨大的冒险。"男性比女性更擅长物理学研究"的推论在统计学意义上倒也没错，如果我们现在将"更擅长物理"理解为在推动物理理论进步上更成功的话。但认为这是一种公平的情形，就又是一次巨大的未经论证的冒险了：他们更成功可能是因为世界的天平不公平地向他们偏斜。此时的问题就不是出在观察上，而是出在结论上。我们将在下一章讨论那些与前面的图中右下部分有关的问题，在本章的剩余部分则会重点阐述图中左上部分，即论证中可以证明男女之间存在某些先天差异的部分。

人们对男女差异感受强烈，而且理应如此，因为男女之间存在一些相当明显的生理差异。但是，我们将讨论的是，过于看重这些差异，或者对这些差异做出过多推论有什么弊端。与其问性别差异是不是与生俱来的，不如问这些差异在哪种意义上是与生俱来的，在多大程度上是与生俱来的，以这些差异为依据构建世界又有什么意义。

至于就性别差异提出论证，我们已经看到了上述逻辑中的一些瑕疵。另外还有方法上的瑕疵，比如说：我们对观察结果所运用的统计方式是不是有瑕疵？此外，即便是做出了一些可靠的观察，但统计结果的理解方式是不是有瑕疵？下面，我们先从观察说起。

观察的问题

有时候，即使是根据观察结果得出的结论也会出错，因为我们的观察单纯是根据自己的经验。这可能不牢靠，因为我们的样本量过小，会因我们个人的情况产生扭曲。比如说，我认识的女数学家恰好就特别多。

如果我们屈从于偏见，即我们偏向于只注意能支持我们理论的证据，而忽视反驳我们理论的证据，那么这种观察就会更加不牢靠。这种常见的偏见类型不仅众所周知，而且有据可查。许多人虽然在理智上似乎对它有所了解，但在实践中仍然深受其害。在我们排队准备毕业典礼时，一位男数学教授看见我对着镜子检查头巾，就顺口抛出一句："瞧，女人就是爱虚荣。"

个人观察容易出现这类误差，而科学应该建立在更严格、更公正的观察过程上。受控性试验、大规模样本、可复制性科学试验，外加同行评审，理应保证观察结果的公正性和可靠性。遗憾的是，在寻找男女差异时，事实并非如此。针对以偏概全的弊端，安吉拉·塞尼（Angela Saini）的《劣等人》（*Inferior*）和科迪莉亚·费恩（Cordelia Fine）的《荷尔蒙战争》（*Testosterone Rex*）等书都有十分全面的分析。请注意，这并不是说科学自身就存在缺陷。有时候，人们一发现科学成果中存在缺陷，就会把它当作科学"不可信"的证据，觉得还是相信个人观点更靠谱。科学研究也是一个过程，这个过程中的一个环节就是寻找缺陷。科学家有能力找出科学工作中的缺陷，也表明这个环节是有效的。

我将重点阐述的缺陷，不是试验方法上的缺陷，而是我能通过逻辑和抽象法阐明的缺陷。我首先要论述的问题是拿观察结果来证明人们本来就有"与生俱来"的属性的尝试。一个颇为严肃的问题是：怎样确保你所观察的任何差异是与生俱来的，而不是靠后天习得的？

设想你正试图设计一项试验来研究男女大脑的先天差异。你会怎样区分先天与后天呢？有一个办法是研究两个在完全不同环境下长大的同卵双胞胎。但是，如果你要研究的是数学能力的话，那就可能需要找到一对在不同环境下长大的同卵双胞胎，其中一个数学特别好，另一个却不然。或者虽然成长环境不同，但要么两个数学都好，要么两个都不好。这太难以实现了，即使撇开同卵双胞胎一般都是同性别这件小事不谈。

另一种常用的办法是尝试趁儿童年幼时进行研究，此时他们年龄尚小，社交和环境尚未产生影响。问题是，这些影响几乎发生在一瞬间，所以研究就得从刚出生几天的婴儿开始。（如果一开始就得知婴儿的性别，那么人们与他们的互动方式往往也不同。）

下一个问题是试图为婴儿创造一个可控的环境。你可能得让机器人取代人类与婴儿互动。另外，对婴儿的性别又该怎样进行双盲测试呢？也就是说，不能让做测试和记录数据的人知道婴儿的性别。你得从父母手中接过婴儿,把他们放在单独的房间而不佩戴任何性别标志,然后让研究人员过来,他们不能与那些从父母手中接过婴儿的人打交道,要直接把婴儿抱走。接着他们再将婴儿一一带到房内,由机器人进行测试。现在就试试,看能说服哪对父母会让他们的新生儿参与研究吧!

如果你真的从父母手中夺走了几个新生儿,那么接下来的问题是:你能对新生儿做哪几项测试呢?你总不能要求他们解几道数学题吧?所以试验就得测试一些极为基本的问题,通常不过是统计不同婴儿看不同图片的时长而已。

如果测出了任何差异,那么试验就能告诉我们以下情况:有些婴儿看某些图片的时间要比看其他图片的时间长。在一项被多次引用的试验[1]中,婴儿看的是人脸或手机。在另一项试验[2]中,婴儿看的是洋娃娃或汽车的图片。

那么,我们又该对男女的大脑做出怎样的推断呢?从

---

[1] J. Connellan et al., "Sex differences in human neonatal social perception", *Infant Behavior and Development, vol. 23, no. 1 (2000)*, pp. 113-18.

[2] V. Jadva, M. Hines, and S. Golombok, "Infants' preferences for toys, colors, and shapes: Sex differences and similarities", *Archives of Sexual Behavior*, vol. 39, no. 6 (2010), pp. 1261-73.

婴儿看图片的时间多了几秒,到研究型大学数学教授的男女数量失衡,二者之间存在着巨大的鸿沟,而得出的推论又是这样的:

1. 女婴看脸的时间平均略长于男婴。
2. 因此,女孩的大脑天生偏于同理化,而男孩的大脑天生偏于系统化。
3. 数学就是系统化,因此也表明男性天生就更擅长数学。

这就是通过各种偷换概念的手段,在不知不觉中改变论证,其中一部分还要另外经过一个步骤。

男婴看汽车的时间略长一些

↓

男性大脑天生就偏于系统化

↓

男性天生就更擅长数学

以上问题就在于,我们根据婴儿的行为做出了怎样的推断。一方面是我们研究的东西是不是真的是与生俱来而不是"后天"培养的结果，另一方面是我们研究的东西是不是真的与成人行为中某些有意义的因素相关联。二者之间本质上是一种此消彼长的关系，这种关系可概括为下图。

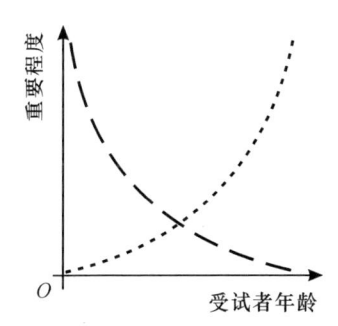

我们所评测的是确定性：
—— 与生俱来的，而不是后天习得的
‥‥‥‥ 对成人行为具有指向性

除了分清先天与后天这个棘手问题以外，怎样找出可量化的指标来测量也是一大难题。如果我们想要研究男性和女性的智力，那我们会怎样测量智力呢？一项测试如果能得出明确的答案，那它必然存在很多的限制，测试的也都是受限极多的东西，因此，这种测试到底与我们对"智力"的实际理解有什么关系，就成了一个大问题。智商测试只是在测试你（在测试当天）接受智商测试的能力。古人曾称量大脑的重量，以为这样就能研究男性和女性的相对智力。这种测量方法固然是既明确又客观，但用它来作为智力的指标，就等于预先将大脑重量与智力挂钩了。事实上，过去的科学家曾假定男性的智力高于女性，曾发现男性大脑的平均重量更重，就断言大脑轻重必定决定智力高低，再利用男性大脑更重的事实断言男性智力要高于女性。这种循环论证真是让人大跌眼镜。

就我们所关心的话题而言，我们可以试着研究数学能力上的差异，以便确定男性数学教授远远多于女性数学教授是否"公平"。但我们又该怎样测量数学能力呢？如果我们利用心算测试，那么我们测试的无非是做心算的能力。而问题在于，心算能力与做研究型数学的能力之间到底有什么关系呢？（很多不是数学家的人心算都比我强，尤其是那些每天都要用心算的人，而我倒不是天天用。）将数学能力与"系统化大脑"挂钩的尝试，会使用一种调查问卷，提出这样的问题："如果你看到一座山，会不会想到是怎样的地质过程形成了山体？"还有"如果你家里发生了电气问题，你能不能自己解决？"要让我来回答，两个问题都是否定，但这也只是我对山和电的感受，不能说明我的数学有多好。更加微妙的是，问卷问的是我在社交场合对他人的理解能力，然后就会得出这样的结论——如果我能够理解他人，那就表明我的数学不好。这种糟糕的把戏还会没完没了地进行下去。

有的研究是通过统计论文的引用量来评定男性和女性研究物理学的能力，这也存在这样的弊端。引用量固然是可以测量的，但引用量与物理学研究水平之间的关联不大。而且，隐性偏见也可导致人们更多地引用男性学者的论文而忽略女性学者的论文。

简言之，指标的可测量性越高，对实际行为的意义就越小，反之亦然。这种关系可概化为下图。

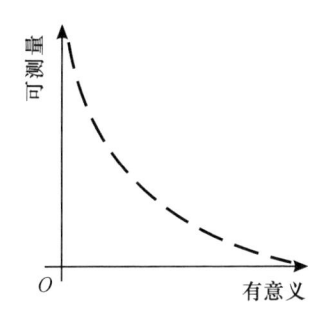

除了上述通过观察来研究性别差异所存在的基本逻辑

问题外，即便是我们开展的观测十分靠谱，也同样存在问题。通过观察到的行为差异来做出推断也有太多弊端，其中不少是由于误解了统计工作的原理。在本章接下来的内容中，我们将探讨人们是怎样简化统计结果以达到简要概括的目的，但同时又丢失了关键的细微差异。遗憾的是，当代世界关注更多的是点击量而不是细微差异，因此，"男性比女性更擅长某方面"的标题要比声明"男性分布略高于女性分布，但重叠率也相当大"的标题更受青睐。我们读者能做的一件事，是提醒自己注意这个细微差异以及其他细微差异，这样就不会轻易被这些非黑即白的夸张标题所蒙蔽了。

这些问题对于那些精通不同类型的平均值、标准偏差和分布形状的读者不会陌生，但是，由于它们都是混淆视听的常用手段，我在这里还做了一些解密工作。

平均数

如果我们想要笼统地说明男性与女性不同，那么说"平均而言"似乎能保证平稳过关。但是，如果宣称事物平均而言是正确的，在个别情况下仍然会留下很多把柄。男性和女性的"平均"特征与男性和女性个体行为之间的关系十分复杂，不可能单凭对平均情况的认知来重建对个体的认知。男性就平均而言可能比女性跑得快，但这并不是说每个男性都跑得比女性快。

平均数和百分数会勾起很多人对学校数学课的痛苦回忆，而遗憾的是，这又使之成为混淆视听和歪曲事实的便利工具。有些无良之徒故意利用这种手段操纵公众舆论，另一些人则可能出于好意但却受到误导。结果是统计数据可以被用来扭曲真相，让人们看起来比实际更不同，而提高数学的严谨性则可以帮助我们看清真相。

当我们想到一大组数据时，我们往往需要设法更简洁地统合这些数据，使它不仅仅是一大串数据列表。我们想要了解它的大致形态，再与其他数据集合做比较。但是，既然追求简单，就免不了损失数据。统合越简洁，就越容易帮助人们去呈现和掌握，但统合过程中损失的信息也越多。

平均数就是一种将一组数字统合成一个数字的方法，

这个过程注定会损失大量的信息和细微差异。有时候，这些信息至关重要，而隐藏这些信息也是一种为论证某种观念而刻意操纵信息的手段。不同类型的平均数侧重的是信息的不同方面，同时又隐藏了信息的其他方面。

下面举一个例子（当然也是一个极端的例子），来说明以上论述。下表中所列数字是该假想公司雇用 5 男 5 女的工资列表。这种类型的平均数叫作均值，是所有工资相加后除以人数所得的商。本例中，我分别计算了男员工和女员工工资的均值。

	男	女
	£200000	£10000
	£200000	£10000
	£200000	£10000
	£200000	£10000
	£200000	£100 万
均值	£200000	£208000

该公司有一名女员工薪酬特别高，带偏了女性整体的工资均值，使之高于男性的工资均值。为此，公司完全可以大言不惭地说："本公司支付女员工的工资平均而言高

于男员工",或者"公司平均女性所得的工资高于平均男性所得的工资"。而且,他们还可能在语言上玩点花招,说成"女性工资比男性高"这样更吸引眼球的话。

我希望你们在听到这种话,看到某些数字时,至少会心生疑问,觉得哪儿不对劲。我就曾见到过这样的情形:他们提出一组数据,分析统计结果,再做出一番描述,然后就宣布结论说,男女已实现薪酬平等,而且现在反过来是女高男低,又不公平了。女性会感觉别扭,她们大都知道自己的工资偏低,但又无能为力,因为"铁的数据"似乎并不站在她们这边。

我感觉到了这种不安,它提示我某个地方的逻辑出了问题。此时我的大脑就开始思考,到底是什么导致了这种不安,这就像医生利用症状来确定诊断结果。如果我找出了充分准确的根源,那么我就能解决它,这种不安的感觉也就会随之消失。

在我们假想的男女薪酬事例中,话术是这样一小步一小步渐次升级的。

女性的工资均值高于男性的工资均值

↓

女性工资的平均水平高于男性工资的平均水平

↓

女性所得薪酬平均而言高于男性所得薪酬

↓

女性所得薪酬高于男性所得薪酬

人们常说,"世上有三种谎言,一种是谎言,一种是该死的谎言,一种是统计数字"。但真正说谎的并不是统计数字,而是对统计数字的解释或表述。一旦我们了解了均值作为衡量指标是多么漏洞百出,就不必再困惑于这些统计数字所伴随的花言巧语之中了。事实上,只要有人在任何场合提及"均值"一词,我们都要高度警惕。由此也可以想见,那些因在学校学习平均数而受伤的人为什么一听见平均数就会惊恐万状了。

以上事例的问题在于,男女工资分布极不对称,而这种差别可以通过考虑中位数而不是均值来揭示。中位数的求取是按从小到大的顺序排列数字后找出位于中间的数字。男性工资的中位数为200000,而女性工资的中位数为100000，公不公平由此可见。

虽然本例中的所谓"公平"就这么轻易地被揭穿了，但事情并不总是那么轻而易举。下面举一个更加微妙的例子，你可能凭直觉认为女性的情况更糟，但女性工资的均值和中位数都比男性高。

	男	女
	£100000	£10000
	£100000	£10000
	£100000	£105000
	£450000	£105000
	£450000	£100万
均值	£240000	£246000
中位数	£100000	£105000

这里的问题我们可以通过观察第75百分位数（percentile）和第25百分位数来发现，但我希望你现在就能看到（或猜到），我可以构建一个数据集来表明，按照上述指标，女性所得薪酬要高于男性，但某种意义上仍然低于男性。你考虑的百分位数越多，就越难隐藏你的不平等，但在达到一定的点以后，你就真的不如看看整体的分布形状了。

分布形状

整体分布图能让我们更好地了解具体情形。在以下例子中，每种情形下的均值在理论上都相同，但数据的聚类和展布方式却差异迥然。

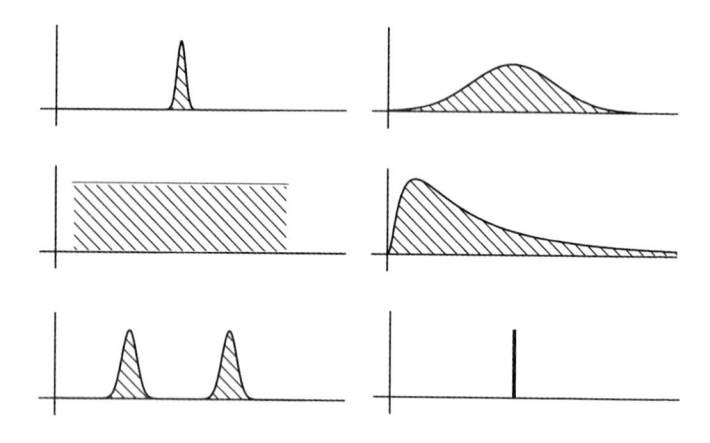

没有哪种平均数类型能告诉我们人人都会表现出平均值的行为，甚至也没有哪种平均数类型能表示**绝大多数**人都是按平均值行事，这种现象只会出现在极端情形下，如图中就是以直线的形式出现。我们已经讨论了均值和中位数的概念，请记住，除了特定情境外，均值也不能代表真

实世界中的任何现实事物。如果我们谈的是人们所得薪酬的金额，就像前文所述，均值就会告诉我们：如果把这笔钱拿出来均分给每个人，那么每个人应得到多少薪酬？但是，对于身高，还有看一幅画所耗时长之类的问题，这种方法就没有多大意义了。然而，中位数的确具有一种实际意义，因为恰好有一半比它大，有一半比它小。

如果数据呈对称分布，则均值就正好位于中间，如下图左侧所示的正态分布。而下图右图中的均值则远远偏离中点，此时是因为存在几个特别极端的数字，使结果向一个方向偏斜，就像前文中公司里有一位工资极高的女员工。

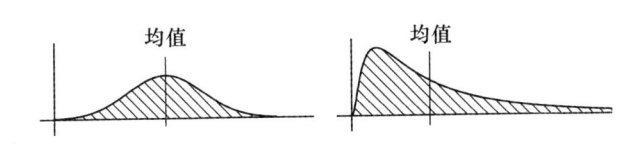

最后一个例子称作"对数正态"分布，即结果的对数呈正态分布，可以用财富分布图等方式表示。超级富豪使得财富均值向右偏斜，但财富低于均值的人要多得多，导致峰值反而偏左。

很多数据的分布都呈对称状态，而且不少分布都呈合理的"钟形曲线",即上图左侧中峰值居中、向两端均匀降低的正态分布。此时不仅均值位于分布曲线的中点,而且还表明一种聚类模式,即多数结果的确是以该均值为核心分布的。但是,对于不同的分布形状,最常见的结果可能出现在完全不同的地方。出现频率最高的结果称为众数。对于对数正态分布而言,我们可以看出偏斜是怎样导致均值、中位数和众数大不一样的。

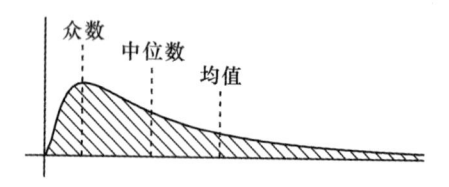

如果数据分布十分均匀,得到所有结果的人数大致相同,则众数作用不太大。如果存在两个峰值,则这些平均数一个都起不了作用。

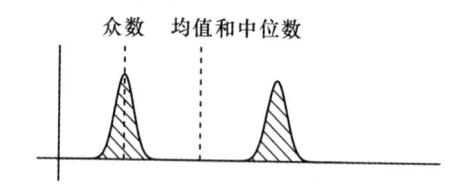

这就是所谓的双峰分布模式，表明存在两个多少有点明显的亚群，这在大学高年级的数学课似乎常常出现。有一半的学生成绩很好，高分段出现一个成绩峰；另一半学生很吃力，于是低分段也出现一个成绩峰。中间段则平平无奇。如果我们测量整个人口的睾酮水平，大概也会出现这种情况：曲线的低位段会出现一个聚类和峰值显示女性，高位段出现一个聚类和峰值显示男性。

然而，当我们比较男女差异时，数据往往并不能完全像那样区分开来，说不定会出现两个峰值不同的人群，但由于二者之间重叠太多，单纯考虑不同的平均数会产生严重的误导。

具体的重叠程度取决于正态分布钟形曲线的"宽度"。以下二图的两对钟形曲线中，峰值与峰值之间的距离相同，但重叠量却很不相同。

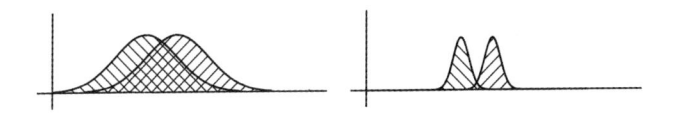

因此，单纯知道两者均值的差异还不足以了解两者在

总体上的差异有多大。这取决于均值相对于钟形曲线宽度而言差距有多大。

有一种测量曲线"宽度"的方式是标准差。其衡量的是数据点"偏离"均值的程度大小。无论钟形曲线的宽度有多大，在均值标准差范围内（两边均是）都有相同的百分比，即在 68% 左右。钟形曲线越高越细，则标准偏差范围越小，其结果的 68% 距离均值的宽度越窄。下图中的虚线表示两边距离均值"一个标准差"的数值。右边较细的钟形曲线中，虚线之间的间距要小得多。

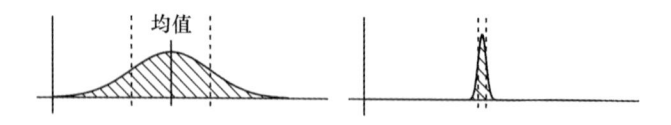

在前文两张重叠钟形曲线图中，均值的**绝对**值相同，但相对于曲线宽度却差别巨大。安吉拉·塞尼在《劣等人》中描述了一张"长达 300 多页"的表，上面列举了男性迄今已被发现的与女性在数学、攻击性和自尊心等各类指标上的统计学差异。她总结道："除了投掷远近和纵向跳跃高低以外，在其他所有项目中，女性相比男性的差距都不到一个标准差。"她接下来又说："在许多指标上，女性与男性的差距都不到十分之一个标准差，在日常生活中根本看不出来。"在以下两张正态分布图中，一张是一个标准差，另一张是十分之一个标准差，前者已存在大量重叠，后者则基本上看不出差别。

科迪莉亚·费恩在《荷尔蒙战争》中也探讨了同一问题。她指出，男女之间存在的不是"明显的界限"，不是男性大脑与女性大脑的区别，而是一组不断变动的特征组合。有人在综合分析多项研究结果后发现，"如果你随机选择一名女性和一名男性做测试，至少有40%的结果显示女性比男性的得分更偏于'男性气概'，或者男性比女性的得分更偏于'女性气质'。（如果不存在平均上的性别差异，则有50%的结果会出现这种状况，40%并不算太远）"。同样，其中包括了对数学能力、阅读能力、竞争力和领导风格等多项指标的测试。

由于人们错误地认为男女之间存在显著差异，因此，对于超乎这一"常规"的例外情况，他们不是批评就是公开指责。当我们试图过于简洁地总结性别差异时，我们实际上是在一概而论，而将某些人当作了"例外"。例外往往是由于我们的定义或假定造成的产物，根本就没有任何意义。如果将女性数学家看作不正常的人，那其不正常之处是指女性，指数学家，抑或指我们先入为主的期望？我认为是后者。诚然，女数学家的确远远少于男数学家，但也许不正常的恰恰就是这个统计数字，这在很多时候都取决于我们选用哪些假定条件作为我们的底线或默认值。

零假设

当我谈及这个话题时，经常会遇到一种反驳意见，一些人认为就算追求平等，也要等到我们**科学地**证明完全没差异之后再说。我认为这无非是一个零假设和备择假设的问题而已。科学试验与数学证明不同。在没有证据的情况下，你必须先确定默认的假设，也就是零假设，然后再找出某件其他事情正在发生的证据，也就是备择假设。

比如说，在药物试用中，零假设可以假定药物除了安慰剂的效果外没有任何其他效用。备择假设则是药物除了作为安慰剂外还具有其他效用。如果你找不出证据证明药物除了安慰作用外还有其他效用，就必须回到零假设，直到能够找出相应证据为止。

性别平等的零假设应该是什么呢？对于性别偏见和性别平等，就算在没有明显偏见的人之间也会出现分歧，这种分歧往往源于对零假设的意见不同。一方面，我们可以将零假设设定为不存在不公，即默认假定男性在某些领域占优势是因为生物学原因而非偏见，直到我们找到相反证据。女性遭受偏见的坊间证据不能算作实际证据，因为这只是坊间看法，而不是大规模随机同行评审的研究结果。请注意，这种做法往往能掩盖公然的偏见，使之听起来有理有据、冠冕堂皇。

另一方面，我们还可以将零假设设定为存在不公，即默认假定男性在某些领域人数居多是由于偏见而非生物学原因，直到我们找出相反证据。

这种论证对谁有利呢？第一个论证对男性有益，第二个论证对女性有益。

科学本应公平公正，但一开始就选择零假设，直接就给这些研究施加了偏见的咒语。遗憾的是，历史上也一直有人像这样利用科学来阻碍女性发展。

就算我们真的发现了天性对男女行为差异具有重要影响，它的确定性和可测量性也不足让我们真的能够据此做出预测。加之天性说有利于反平等主义者，这让我相信这种话术主要是为了转移或削弱人们对更紧迫问题的关注。

我们已经看到，就算男女有别，但每个人的行为千差万别，男女的行为范围也存在大面积重叠。我认为更合理的做法是提出一个更细微的问题：与其采取非黑即白的立场，认定男女有别，进而断言性别不平等是公平的，不如问问这个领域的灰色地带有多大，也就是男女之间的差异究竟到了何种程度，而且性别不平等在多大程度上是公平的。

然而，我们已经看到，单是测量指标的选用就存在巨大问题。所以，如果男女存在先天差异，这个差异的程度也未必就是当前性别不平等状况到了如此程度的原因，何况测量男女先天的准确差异也不现实。所以，我们永远都无法精准地宣布哪种程度的不平等才算"公平"。

我们可以尝试一步步加大对试验的控制，以便更接近"精准"的研究，但从某种意义上说，这实际上只会让我们距离现实生活越来越远。

生活不是受控试验

我们还可以提出更加细微的问题，承认生活其实不是一场受控试验。一个群体可能"在平均上"不如另一个群体好，但如果改变后天培养和支持方式，就有可能得到改善。比如说，有的学生缺乏自信，而"公认的常理"则是自信能助你变得更好。然而，学生缺乏自信，会导致他们更好地认识到自己的短处并加以改进。而且他们办事审慎，能全面检查自己的作业，一切以证据和有力的论证为依据。他们需要的只是更多的鼓励和支持来实现这个目标。非常自信的学生可能更善于在逆境中坚持不懈，但由于太过自信，他们又总会偷懒取巧，并做出无理的臆断。平均而言，如果在同等逆境下，我预计自信的学生会做得更好；但如果在顺境下，我倒觉得自我怀疑的学生会做得更好。

托马斯·博伊斯（W. Thomas Boyce）在《兰花与蒲公英》（*The Orchid and the Dandelion*）一书中研究了这种效应。他认为"蒲公英"型学生意志顽强，很大程度上不受环境影响，有五分之四的儿童属于此类学生。他将其他儿童称为"兰花"，认为他们就像真正的花朵一样，对环境更加敏感，在逆境中往往显得吃力，但如果后天培养得当，还是有可能比蒲公英做得更好的。

无论这种说法是真是假，都体现了一种观点，即平均数没有考虑差异发生的具体情形这种细微差异。按博伊斯的理论，如果"平均"的情形没有得到合理培养（大概目前也没有得到合理培养），那么蒲公英在"平均上"会比兰花做得更好。为此，有一种对策是偏重蒲公英。但还有一种对策是提供后天环境，让兰花也能充分发挥潜能，参与社会活动。当然，如果没有采用后者，蒲公英会受益，所以，自利的蒲公英有可能会反对后者。

这勾起我做一番调查的兴趣，想了解一下男性在当前有没有因为我们人为设定的环境而在某些事情上比女性更成功。这可能是由于与性别相关的显性因素，譬如偏见；也可能是因统计学差异观察结果（譬如在当前男性身上更为普遍的性格特质，以及在当前女性身上更为普遍的一些性格特质等等）而与性别隐性相关的事物。在我看来，这就表明，我们与其寻找性别差异，不如找出是哪些性格特质导致不同的人对不同情形作出不同反应。

不同情形的不同答案

学习数学不仅仅是为了得到"正确答案"，因为在不同的数学世界里，不同的答案都可能是正确的。在基础阶段，比如在中小学的数学课上，别人会告诉你需要在哪个数学世界中学习，然后可能就有固定的"正确答案"。在普通数字的世界里，1+1 总是等于 2，你不能取负数的平方根，无穷大也不是数字。

但在高等数学中，我们要做的更多的是想象出哪些世界中不同的事物能成立，因此，与其问"这是真的还是假的"，我们不如问"在什么世界这会是真的，在什么世界这会是假的"。在这种高等数学中，你可以找到 1+1 等于 0 或 1 或 3 的世界。如果你由普通实数的世界踏入"复数"

的世界，你就能取负数的平方根。如果你踏入"扩展实数"的世界，无穷大也成了一个数。

我们当前的人类世界是先辈留下的。在这个世界中，男女可能在各方面都有不同表现。总体而言，男性在数学、科学、商业和政治领域较女性成功。但我作为一个数学家却要说：可能还有一个不同的世界，那里不一定存在这种现象。但那不是因为我们简单地强制推行男女配比，坚持男女都要五五平分。这些都是会加剧分裂的策略，它们都忽略了一个重点：如果因为某种环境因素阻碍女性像男性一样成功，那么在不考虑环境的前提下强加这些配比，就只会增强女性的代表性，而不一定会加快她们的成功。这也许可以概括为多样性（与数字有关）与包容性（与环境有关）之间的区别。但是，这仍然伴随着一种危险，那就是只谈性别差异，进而导致分裂和一维化。

下一章中，我将探讨根据我们性别差异的观念采取行动有哪些弊端，然后再证明我们可以采取另一种视角，站在新的维度，梦想出一个全新的世界。

3 挺身而进的问题

3 挺身而进的问题

中小学的数学课上,这样的问题会让孩子们困惑:

> 亚利克斯有 7 块饼干,萨姆有 3 块饼干,我们要给萨姆几块饼干才能使两个人的饼干数相等?

这么说吧!我们可以给萨姆 4 块饼干,也可以从亚利克斯那里拿走 4 块饼干,还可以让亚利克斯分 2 块饼干给萨姆。无论哪一种情况,亚历克斯都有可能不开心,这取决于他们的秉性如何。在数学课堂上,孩子们很可能要想:我们到底干吗要这么做?孩子们很容易提出问题,探究设计好的数学题是不是有效。假如萨姆根本不爱吃饼干,宁愿要苹果该怎么办?

在高等数学中,如果我们要比较 x 与 y 的区别,多半

不会问怎样在 x 上加点东西使之等于 y，而更可能分析 x 与 y 之间有哪些异同，再思考二者在哪种背景下能看起来相同或不同。3 块饼干与 3 只苹果在数量上相同，但营养成分却不同。根据个人口味，二者带来的愉悦感可能也不同。

这就要求我们提出更深层次的问题，即 x 和 y 所发挥的作用，还有我们一开始对 x 和 y 的哪些方面感兴趣。这些问题要微妙得多，不仅需要灵活思考，而且往往需要我们拥有改变视角的能力，能够针对不同观点找出不同的抽象概念。高等数学不是要寻找固定答案，而是要灵活思考和深挖问题的根源。

怎样使事物相等？这个问题与性别差异有关。我们太过纠结于考虑性别差异，以至于将性格特质与性别挂钩，再试图通过弥补一方的不足来促使性别平等。这是典型的错上加错。其一是我们一开始就将性别与性格挂钩；其二是我们假定与男性挂钩的性格特质更有价值，因此，要想男女平等，就需要让女性拥有更多与男性挂钩的性格特质。

我要说的是，更好的方法是首先将性格与性别脱钩，然后再进一步思考不同性格特质发挥的作用。我们人类的某些实际经验与性别有着千丝万缕的联系,如歧视、显性和隐性偏见、结构性权力失衡,还有大量的性骚扰。但是,性格类型就不一定得与性别挂钩。原则上,男性完全可以拥有女性所拥有的某些特点,反之亦然。如果我们将性格与性别脱钩,就能更加清晰地思考我们目前是如何过于偏重某些性格特质,又该怎样改变当前的假定,进而改变我们的社会结构,从而推崇我们真正认为有价值的性格类型。

这是一项艰巨的工作,也是一个庞大的工程。

性别化术语

这个工程的第一个环节是停止自动将性格与性别挂钩。显而易见,这种人为假定的关联性就是借由"男性气概"和"女性气质"这样的用词出现的。这两个词对我们有什么意义?它们是规定性词语,而不是描述性词语。

如果你听到别人(也许是某个更传统的人)形容一个女人"非常具有女性气质",或形容一个男人"很有男性气概"或"很爷们儿",大概脑中立马会浮现出相关的形象，即使你自己也许不会用这些词。[1]为什么呢？这两个词不仅描述了女性和男性的行为方式，而且还规定了女性和男性所谓"理想的"或"天然的"行为。

它们可能在某种程度上真实地描述了男性和女性的行为倾向，在过去的某个阶段可能更加真实。但纵观历史，大多数（但不是所有）文化都是希望男性和女性要按一定之规行事，而我们却很难将那些期望与它产生的行为区分出来。所以，如果说这些性别化词语的确能反映过去的男女的行为的话，那就无视了期望与行为之间这种不可分割的循环关系，如下图所示。

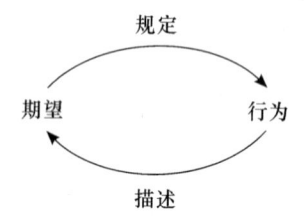

```
          规定
    期望 ⇄ 行为
          描述
```

上一章讲到，主张寻找性别差异，往好里说是转移注意力，往坏里说就是压迫工具。说到"男性气概""女性

---

[1] 有关这些词语假定条件的整部书籍详见 Susan Brownmiller 的《女性气质》（*Feminity*）。

气质",男性和女性都要承受按某种模式行事的压力。如果男性"没有男性气概"或是"娘娘腔",就会让人听起来觉得哪里不对劲。同样,如果女性"没有女人味"或是"男人婆",也会让人觉得别扭。我们已经为自己打造了一个人为的评判体系,如下图。

	男	女
"具有女性气质的行为"	异常(坏的)	得当(好的)
"具有男性气概的行为"	得当(好的)	异常(坏的)

我们可以通过从自变量的角度思考来解放自己。

自变量

在数学中,量与量之间可能存在一种可定义的关系,也可能不存在。如果存在固定关系,这就能帮助我们减少在具体情形下所需了解事物的数量。这往往就是等式的意义所在，如以下圆的等式。

圆周长 =2π× 半径

这是圆的半径与周长之间的可定义关系，无论圆的大小如何。同时它也告诉我们，我们不必为了解给定的圆而分别了解这两个概念，因为已知其中一项，就可求得另一项。

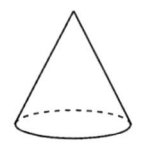

相反，如果我们考虑的是一个底部为圆形的圆锥体，如上图，则底面半径与圆锥的高度互不相关，我们无法根据其中一项推导出另一项,二者之间不存在可定义的关系。再举一个不那么抽象的例子。有些职业的工资标准是根据员工在岗工作的时间长短确定的。此时，如果你知道某人在岗工作的时间长短，就能算出他的薪酬高低。比如说，如果你每年享有固定百分比的加薪待遇，那么员工的工资曲线图就是这样的,图中灰线说明这是一种一维线的情况。

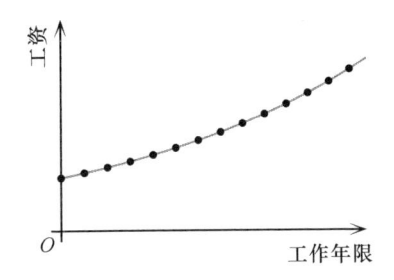

[图：工资随工作年限上升的平滑曲线]

但是，很多岗位的工资更多是采取议定加薪制，因此，如果假定具有相同资历的人薪酬会大致相等，那结果就会相当不准确（而且，顺便说一句，这里还忽略了男性所要求的和实际所得到的加薪水平在平均情况下也明显高于女性）。人员工资曲线图可能更像下图，曲线略呈上升趋势。但只要尝试用一维线（如图）来模拟，就只能求得一个近似的结果。

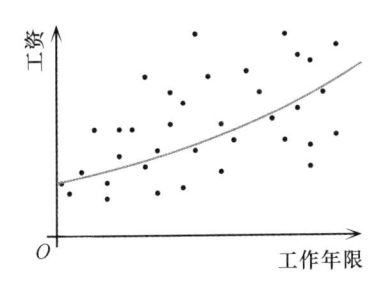

[图：工资与工作年限的散点图及拟合曲线]

这就说明，与其**按照**工作年限来表示工资，不如分别研究这两个变量,而不是利用其中一个变量来求取另一个变量。

对于更加复杂的情形,有一种招数(花招?)是一小步一小步分次进行,一步比一步更难发现,但合起来就会形成严重的扭曲,就像上一章中一个个小小的偷换概念合并成了弱论证。有一个争议不断的例子是人体质量指数(BMI)。BMI 的公式利用的是身高和体重,所以身高、体重和 BMI 之间的关系是经过定义的固定量。然而,BMI 又被用作体脂率的代名词,而体脂率又是健康状态的代名词,即使它们的关系既不是固定的,也无法精准定义。所以,我们所考虑的变量就形成如下关系链。

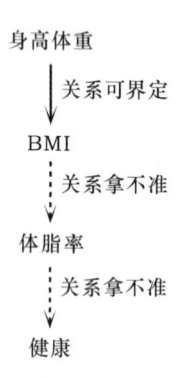

```
      身高体重
         ↓  关系可界定
       BMI
         ↓  关系拿不准
       体脂率
         ↓  关系拿不准
       健康
```

当我们以一个量作为另一个量的代名词，我们其实是在隐性地假定二者的关系是固定的。如果事实并非如此，就像 BMI 与健康、性格与性别那样，就有可能过度简化甚至误解这个情形。要想避免这种错误，我们可以承认它们是自变量，将二者分开考虑。这就意味着我们已经进入到一个更高的维度，因为我们现在要了解的不是一件事情，而是两件事情了。比如说，当我们绘制数学的基本图形时，我们往往会研究 x 与 y 之间的某种关系，如：

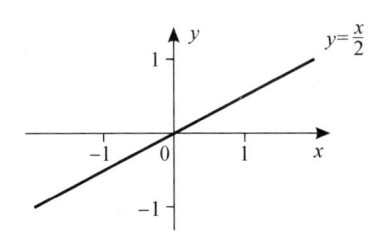

$$y = \frac{x}{2}$$

这种关系的图示是一条线，也就是说关系是一维的，是由于 x 与 y 的固定关系导致了整体平面的二维降低到一维，我们丢失了一个维度。而如果我们承认 x 与 y 是独立的自变量，则又回升到了二维。没有什么能把我们的情形从二维降低，所以我们就可以在二维平面的任何地方：

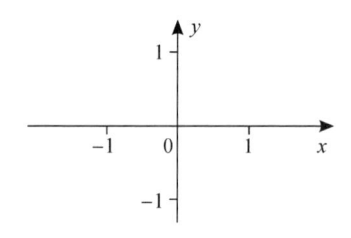

升高维度会加大事物的难度，这也是我们不肯这么做的一个原因。但我认为，对于性别和性格问题，我们必须承认用一个量作为另一个量的代名词的弊端，承认我们需要将二者当作自变量来对待。只要是涉及性别的问题，我们就必须考虑这样做。只要是涉及性格的问题，我们也需要考虑这么做。但我们不会假定二者相关联。在本章接下来的内容中，我们将探讨**不**使用更高维度的后果。本书下半部分中，我们将论证采用新维度的回报是巨大的，而付出的努力则相对较小，但我们目前还不敢走到那一步。

当前的一维视角

目前，我们没有把性别与性格分开考虑，而是将之混为一谈。一方面打着平等的名义，鼓励女性要更像个男人以取得"成功"，并鼓励男性探寻自己具有"女性气质"的一面，以学会换位思考、表达情感、增强协作意识，尽管这些都不属于某种性别专属的气质。任何性别的人都能换位思考和表达情感，无非是一些特定的气质长期被人用来与特定的性别挂钩而已，而现在我们已经看到这是不必要的。另一方面，还有一种反应，被称为"有毒的男性气概"，是男性回归到极端形式的大男人主义，对女性施加暴力，尤其是性暴力，甚至叫嚣要回到男主女从的旧模式，大概是因为女性一点点蚕食了他们的角色，让他们感到丧失了威权。下图就描绘了这种紧张关系。

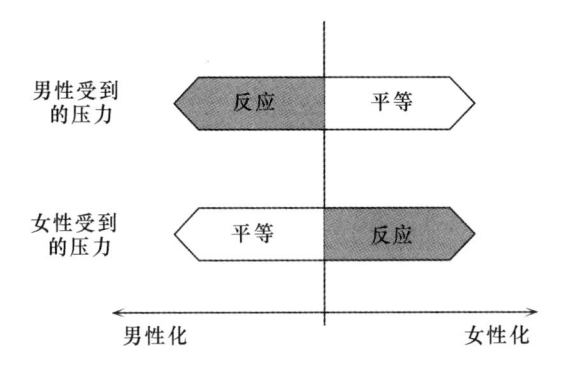

男性受到的压力	反应	平等
女性受到的压力	平等	反应

男性化 ←——————→ 女性化

值得注意的是,如果女性变得更像男性,那么有些男性就会感到威胁。遗憾的是,我个人对此深有体会,因为我在数学上获得了成功,而数学在传统意义上又是男性主导的领域。无论是在社交场合、职业场景,或是在网上随机互动,我都能看到有男性因为我而产生威胁感。有一次我参加一场派对,试着介绍自己是在传统意义上更女性化的领域(人力资源)工作,结果得到的男性响应就友好得多。诚然,这不过是我的个人经历,但如果你在社交媒体上随便挑一位成功的女科学家,肯定也会看到相同的一幕。

事实上,已经有人开展受控试验来研究这种现象,还发表过论文,如《男性地位(岌岌可危):男性对女上司的威胁体验和自我肯定反应》[1][A man's (precarious) place: Men's experienced threat and self-assertive reactions to female superiors]。还有一项研究[2]发现,男性在臆想

---

[1] Ekaterina Netchaeva, "Maryam Kouchaki and Leah D. Sheppard", *Personality and Social Psychology Bulletin*, vol. 41, no. 9 (2015), pp. 1247-59.

[2] Lora E. Park, Ariana F. Young and Paul W. Eastwick, "Psychological) distance makes the heart grow fonder: Effects of psychological distance and relative intelligence on men's attraction to women", *Personality and Social Psychology Bulletin*, vol. 41, no. 11(2015), pp. 1459-73.

中会被比他们聪明的女性吸引，但一旦实际遇到了，还是会被没他们聪明的女性吸引。遗憾的是，我在过去也有颇多类似经历。

另一方面，当男性变得更"像女人"，也就是更有同理心，更善于沟通，更易触动情感时，那么我感到的就不是威胁而是支持，而且我也相信很多人和我有相同的感受。然而，我也看到其他男性感觉这是对男性气概的威胁，声称这是"对男人的战争"，或是"对男性气概的攻击"。这不是一场对男人的战争，这是对传统性别角色的战争。事实上，这也不是一场战争，而更像是一场转变文化的渐进尝试。

对此，一种常见的回应是：我们需要重新定义男性气概，更加明确地解释男性在性别平等的新时代所扮演的角色；或者说服男性，让他们理解男性气概包括同情、关爱和尊重女性。布拉德·皮特（Brad Pitt）在谈及他的电影新作《星际探索》（*Ad Astra*）时，一直在反思男性气概的定义，尽管按史蒂夫·罗斯（Steve Rose）的说法，该片无非是一部"英雄男加多情女"性别脸谱化的太空片而已。[1]

女性也有一定的反击。有些女性说喜欢自己"很有女性气质",但女性仍然可以按自己目前所持有的"女性气质"标准随意行事,根本无需特别去与女性身份挂钩。除了涉及生儿育女之类的事情外[2],男性也可以这么做,无论是穿紧身连衣裙,做发型,化妆,还是迷惑男性。如果另一位女性不做这些事情,那也不该被称作"没有女性气质"。在我看来,这两个人都不该说自己很有女人味或像女人。这种想法会将我们自困在一维的陷阱中,甚至是一个扭曲的维度中。

系统的偏斜

执着于某个特定维度或观点不一定是坏事,但此时的性别维度就自带预置的偏见。过分崇尚传统上与男性关联

---

[1] Steve Rose. "Fly men to the moon: *Ad Astra* and the toxic masculinity of space films", *Guardian*, 16 September 2019.
[2] 有的变性男人可能也能生孩子。

的气质和过分轻视传统上与女性挂钩的气质,这种倾向会将不平等植入系统之中。就拿遭到驳斥的"男人狩猎—女人采集"之说为例。我们现在知道食物中有三分之二来自采集,只有三分之一来自狩猎[1]。狩猎危险而且往往徒劳无功,但令人吃惊的是,狩猎仍然大受追捧,并被用作维护男性主导的理由。

时间快进1万年左右,到了二战期间的布莱奇利公园,这里是知名的密码破译现场,其最终助力人们打败了纳粹。破译工作以艾伦·图灵(Alan Turing)及其他数学家为主将,但同时需要数千名工作人员配合,女性在其中占四分之三左右。虽然多数女性从事的是日常的文职工作,但也有少部分女性拥有数学、物理学和工程学学位,从事的是专业的密码破译工作。当然,所有的工作都至关重要,包括操作破译机、转录编码信息、确定解码后的信息是可识别的德文以及翻译该信息。当然,领头的数学家大多是男性,因为当时的教育系统不接纳女性。其他的工作人员则

---

[1] 见塞尼的《劣等人》(*Inferior*)及葛尔达·莱纳(Gerda Lerner)的《创造父权制》(*The Creation of Patriarchy*)。

大多是女性，因为那些专业能力胜任不了领头的数学职位的男人都外出打仗去了。

艾伦·图灵对密码破译发挥了独特而不可替代的作用，因此理应得到最高荣誉，但直到不久前，仍然存在一种非黑即白的局面，即所有荣誉归男性所有，女性则一无所得。即便是认可了女性的作用，她们通常也只是作为男性"天才"的"辅助"人员。单个特立独行的男性天才胜过成千上万个勤奋工作的女性。在《布莱奇利女孩》(*The Bletchley Girls*)中，泰莎·邓洛普（Tessa Dunlop）从女性视角讲述女性故事，力图填补某些灰色地带。

最终，图灵的成就同样没有得到应有的评价，因为他是同性恋者，不仅没有得到英雄的赞誉，反而受到英国当局的恶劣对待。身为男性似乎是享受英雄美誉的必要条件，但却不是充分条件。我们所面对的不仅仅是父权制，甚至是白人统治下的父权制，更是一个具有很多其他压迫性特质的、以异性恋为主流价值的父权制。

布莱奇利的领头数学家都是以招募"教授型男性人才"为目标而从牛津大学和剑桥大学选拔出来的。不知道当时如果有"教授型女性人才"，会对他人产生怎样的影响。

多萝西·加罗德（Dorothy Garrod）也是直到1939年才成为第一位牛津、剑桥大学的女教授。随着高等教育扩大范围，大学终于向女性敞开大门，那种天才必定是男性的印象可能有所减弱，但减弱的程度够不够大呢？近期数据显示，虽然学术界的女性人数远超70年前，但男女比例仍然严重失衡。较高级别职位上的男性人数远大于女性，兼职岗位上则是女多于男，而兼职岗位由于到期自动停职，因此在美国及其他很多地方都得不到较好的尊重。

但是，无论女性的职位高低和成就如何，她们得到的尊重都可能远低于男性。历史上，成就斐然的女性要么是不如男性出名，要么是以经过挑选的、模棱两可的或以屈辱性的方式被铭记。2013年，《纽约时报》在发布科学家伊冯娜·布里尔（Yvonne Brill）的讣告时是这样开头的：

> 她炖得一手好牛肉，跟随丈夫换了一份又一份工作，还休假8年养育了三个孩子。儿子马修称她是"世界上最好的妈妈"。[1]

---

[1] Margaret Sullivan, "Gender questions arise in obituary of rocket scientist and her beef stroganoff", *The Public Editor's Journal*, *New York Times*, 1 April 2013.

讣告到了第二段才提到"但（她）同时又是一名杰出的火箭科学家……"。讣告不单是以家庭琐事开头，而且似乎还在断言一个人不可能既是好母亲又是火箭科学家，让人为她能二者兼具而啧啧称奇。在舆论哗然后，《纽约时报》又悄悄修订原稿，但也只是将开头的炖牛肉改成了火箭科学，其他有关家庭琐事的介绍照旧。事实上，伊冯娜·布里尔还设计过一种卫星推进系统并获得专利，该系统至今仍在使用。《纽约时报》现在又推出了一个"遗漏的讣告"系列报道，专门介绍那些在过去因为女性或非白人身份而被忽略成就的人物。

比如说弗洛伦斯·南丁格尔（Florence Nightingale），即众所周知的"提灯女神"，人们对她的最大记忆可以说就是她的护士身份。而事实上，她同时也是一位开创型数学家，她的数据分析法大大提高了自己的护理工作效率。尤其是她对该数据进行了创新性可视化处理，使得掌权者能真正采纳其分析结果，使她得以开展卫生改革，最终显著减少了克里米亚战争期间医院伤员的死亡率。

"饼图女士"的名字听起来不像"提灯女神"那样激发人们的浪漫情怀，而且也不符合大众心中的科学家形象：

披头散发的（白人）老头，或直接就是阿尔伯特·爱因斯坦的模样。事实上，爱因斯坦的名声要远远大于那位给予他重要帮助的数学家埃米·诺特（Emmy Noether），而后者碰巧是位女性。

埃米·诺特

埃米·诺特在数学界和物理界声名显赫，但她在数学以外的成就却鲜为人知。（也许这没什么奇怪的，因为没有几位数学家在数学界以外也知名。）然而，随着有关之前女性"无名英雄"的文学作品逐渐增多并引起普遍关注，她的知名度也水涨船高，频繁出现在众人熟知的杰出女数学家、科学家或"天才"榜上。

埃米·诺特是数学界女性的佼佼者，因为她属于第一批在职业生涯的各个阶段都被许可去获得一定等级的女性。埃米·诺特于1882年出生于德国，曾就读于埃尔兰根大学，那时的女性只能旁听，不能正式入学。到她攻读博士学位时，情况有了变化，她成了当时埃尔兰根大学第一名全日制女学生。随后她又留校任教，但没有工资，因为那时还不允许女性在大学任职。

她的工作引起了哥廷根几位知名数学家的注意。克莱因瓶的创始人费利克斯·克莱因（Felix Klein）和因希尔伯特空间知名的大卫·希尔伯特（David Hilbert）当时正在研究爱因斯坦的相对论，并与爱因斯坦通信交流相关意见。这些信件对历史研究意义重大，有不少真相是在面对面合作的情形下不可能记录下来的。

他们卡在一个有关能量守恒的问题上。知道自己对数学的理解不足以解决该问题，他们求助于埃米·诺特。根据希尔伯特与爱因斯坦的通信内容来看，她的贡献至关重要，二人都尊重并信赖她的专业能力。有一次，希尔伯特随附了诺特的便条，以避免冗长的解释；还有一次，爱因斯坦写道："该怎样澄清这个问题呢？当然，您直接请诺特小姐为我澄清就够了。"[1]

与此同时，诺特因为是女性而不能担任教职，但曾经以希尔伯特教授的名义讲过一段时间的课。这些讲座在宣

---

[1] See Yvette Kosmann-Schwarzbach, *The Noether Theorems*.

传时称是由希尔伯特在诺特的"协助"下讲授的,但所有知情人都明白,这意味着她才是实际授课人。

爱因斯坦和希尔伯特都曾请求给她一个教职,说她是名女性这无关紧要,因为,按照希尔伯特的名言,"这又不是澡堂子"。虽然遭到其他教职员工的抵制,但她最终还是得到了一个最低级的教职,虽然不是真正的教授职位,但至少还是有偿(一点点)工作,而不是免费授课。

遗憾的是,这个故事的结局并不圆满。诺特不仅是女人,而且还是犹太人。不久后纳粹上台,大学禁止犹太人担任公务员职务。由于大学岗位算作公务员,因此,1933年,诺特被撤职。她以难民的身份来到美国,获职于布林莫尔学院(Bryn Mawr College),但结局仍不圆满。1935年,她因大面积卵巢囊肿做手术,虽然手术貌似很成功,但她却出现发烧症状,几天后不治而亡,终年53岁。

诺特的生活和磨难就讲到这里。那么她的工作又如何呢?她对物理学的巨大贡献,尤其是对爱因斯坦相对论的巨大贡献,就是将数学与物理学联系起来,具体而言,是将数学的对称与物理的守恒定律联系起来。这种认知虽然不能直接解决爱因斯坦所面对的能量守恒问题,但却为促进该问题的解决提供了必要的启示。当时面临的问题是：能量守恒定律出了什么问题？诺特的工作表明：物理的守恒定律源自其底层数学体系的对称原理，所以，只需寻找数学上的对称性，就能找到守恒定律。诺特的认知使得人们的理解得以从一个研究领域转向另一个研究领域。

对于诺特而言，遗憾的是，那些时刻并不像爱因斯坦的相对论那样属于戏剧性的巨大跃迁。爱因斯坦、克莱因和希尔伯特之间的私人通信在探讨这些问题时，都非常感谢和赞赏诺特。克莱因在致信希尔伯特时写道："你知道，诺特小姐不断给我的工作提建议。事实上，我能理解这些问题也多亏了她。"然而，从他们所发表论文的正式引文来看，他们对诺特帮助的依赖程度并没有那么明显。如果认为相对论在严格的科学意义上并不直接依赖于她的工作，这也无可厚非。也许她的工作更多的是发出光亮，帮助他人找到方向，而不是生产砖瓦和工具，让他们直接用来建造房屋。那些被公开致谢的人是生产砖瓦工具的人，而不是发出光亮的人，这公平吗？

诺特在纯数学领域的工作同样也发出了巨大的光亮，可以说是开启了20世纪后期一种新型抽象数学的先河，而抽象又是统一数学领域的一种手段。我的研究领域范畴论就是不断提高抽象化水平征程的一部分。有的人批判范畴论，说它是在构建理论而不是证明大定理；有的人抨击范畴论，说它"无非是"给已经被证明的事物带来更多的启示罢了。

证明大定理和解决数百年前的问题，在数学上有点像是攀登珠峰或首次远赴南极。由于其中有一些非增量的东西，因此可以称之为"阳刚之气"，这样又陷入将性别归因于性格特质的谬误中。我们一旦将男性的概念附着于某个性格特质，就有可能夸大这个特征的价值，进而要求人人都去效仿它。

效仿男性行为

当父权社会过分推崇与男性相关的性格特质时，大致会出现两种反应。一种是声称性别差异是与生俱来的，因此不能指望女性与男性一样；另一种是敦促女性要效仿男性，这样才能达到成功的目的。

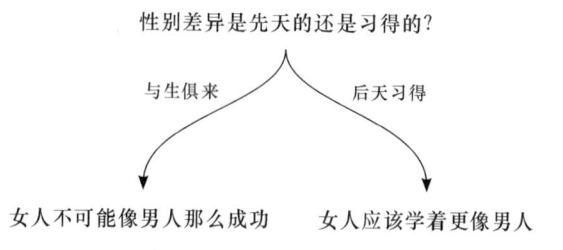

```
                    性别差异是先天的还是习得的？
                  与生俱来              后天习得
                     ↓                    ↓
        女人不可能像男人那么成功    女人应该学着更像男人
```

男性可能会声称差异是与生俱来的，这样既能将女性排除在男性主导的活动之外，还能免除不得不尽量保持性别平等的责任。但女性也可以这么说。成功的女性这么说，是为了保持自己物以稀为贵的地位；其他的人则是为了减轻压力，不用效仿男性或按成功的既有定义去争取成功。毕竟，女性可能并不想效仿传统意义上具有男性气概的行为（而男性事实上也未必想这么做）。如果要在效仿该行为与不成功之间做选择，那么很多人都可能选择后者。但这个选择又是一种错误的二元逻辑，是建立在有缺陷的底层信念之上的。

我个人就曾效仿周围人的行为，从而在男性主导的数学领域取得了成功。我的故事是这样的。

当我开始攻读博士学位时，我就决定尽量隐藏自己所有的女性气质，这样就不会被人脸谱化，因为我是女性而说我不行。我开始下意识地模仿周围成功人士的行为,一门心思为成功而拼搏。由于现实环境是男性的天下,这就意味着我在学着模仿男性的行为。但这也不太合乎情理,因为男性的行为多种多样,女性行为也多种多样。

事实上,度过了几年几乎被男教授包围的大学生活后,我转到一所女子学院担任初级研究员,在那里,我第一次见到很多女教授。但令我失望的是,我发现环境并没有什么两样,因为这么多的女性扮演着本应由男性占据的支配性的和专横的角色。女人们极为成功地效仿着脸谱化的男性行为,而最终我发现自己也不例外。我也在学着争强好胜、雄心勃勃、自强自信、不屈不挠。当我发现自己处于高压的学术环境中,我发现有些人(不是所有人)动不动就争辩、怀疑、鄙视,随时可能跳起来质疑任何人说的任何话,而我也是有样学样。

阿尔菲·孔恩(Alvie Kohn)在《不要竞赛》(*No Contest*)一书中,将"伪女性主义"描述成"通过模仿男性实现女性解放"。这是两种假定的复合体。其一是将性别差异与性格差异挂钩;其二是认为与男性相关的性格类型更有利于成功,或者说对成功至关重要。当然,不仅女性在模仿男性，男性自己也在模仿男性。

埃米·诺特、弗洛伦斯·南丁格尔、伊冯娜·布里尔和布莱奇利女孩仅仅是不依靠效仿男性行为却获得成功的少数例子。遗憾的是，要消除单纯按传统认可的"女性气质"标准来评估女性的效应，往往又会大加赞赏女性具有男性气概的行为。近年来出现了赞美女人"就像男人一样"的书籍，书名就强调凡是男人能做的事情女人都能做，或者强调这些女性具有不属于传统"女性"的气质。每次寻找历史上女性榜样的书籍时，我都会碰到这样的书名，其中有"刚毅""强硬""叛逆"之类的字眼。

谢丽尔·桑德伯格（Sheryl Sandberg）的《挺身而进》（*Lean In*）似乎是要敦促女性顺应（男性主导的）商业世界，这样才能占得一席之地。这本书受到多方面的批评，其中一种批评认为，它似乎是在假定女性只要加倍努力就能取得成功，所谓先入为主的性别歧视、种族主义和其他机会不平等都不成问题。而"加倍努力"更多的时候往往就是加倍努力地像成功男人那样行事。我不认为我们的目标必须是证明女人可以"就像男人一样"。我不认为我们非得模仿或效仿典型的男性行为才能达到成功。杰莎·克里斯平(Jessa Crispin)无情地抨击了一些常见形式的女性主义,她说:"争来斗去,无非是让女人平等地参与对无权和贫穷的人群的压迫。"[1]

确保男人能做什么,女人也一定能做,这的确是一种进步,但未必就代表或使得所有其他女性都向前迈出了一大步。谢丽尔·桑德伯格的方法被抨击为"涓滴"式女性主义。[2] 撒切尔夫人出任首相并没有完全终结英国的女性歧视。表面上看起来她打破了玻璃天花板,但天花板无处不在。

要求女性像传统意义上的成功男性一样行事,就是假定这种行为是成功的关键条件。这就是我在上一章提到的假定"Y 对 Z 很重要",其中的 Y 是人们认为男性相比女性更具备的特质。因此,如果女性想要成功,就必须学会特质 Y,也就是要效仿男性。

---

1 Jessa Crispin, *Why I Am Not a Feminist*.
2 参见 Melissa Gira Grant, "'Like' feminism", *Jacobin Magazine*, 4 March 2013 及其他文献。

哪些特质对成功有价值？

当我反思自己在主流学术界学到的行为时，我会问自己其中的一些行为是不是有价值。也许不被那些支配欲极强的人所吓倒，是我学到的一种真正有用的技能，但这种技能也只是在有支配欲极强的人存在时有用。如果这种人不存在，那它就失去了用武之地。

无论如何，我最终还是触碰到了这个终极问题，就是这种行为我想学多少。一旦我获得终身职位，我觉得保险多了，就开始给某些"女性气质"开绿灯，但也只限于工作以外。这样就形成了一种怪异的双重生活，于是我又试着合二为一，让自己在工作上也表现出女性的一面。这好歹也是我对自己的看法。有趣的是，这在当时还是有点意义的，但我现在早已远远越过了将性格特质与性别挂钩的樊篱，再让我重演已属难事。我觉得那时的"女性气质"对我而言就是示弱、不要求总是掌控局面、更多地听取他人意见、偶尔穿穿裙子等等。

我意识到自己不喜欢脸谱化的男性气概做派，我也不喜欢那样的自己。我那时一直在学着自己不喜欢的做派，但又想不出怎样才能既摆脱那种做派又能在学术界站稳脚跟，我觉得二者之间似乎有千丝万缕的联系。后来，我意识到自己想要在另一个截然不同的方向创业。经过几年的奋斗，我彻底改变了自己的人生。我开创了新事业，在这里，我不必非得与这类人打交道，因此也鲜少需要动用这些技能。即使我真的遇到这类人，我也会尽量换一种做派，以化解而不是升级这种互动。我不知道我所学到的竞争性行为到底重不重要，即便是对于我学到这种行为所处的学术环境而言。更为根本的是，那种环境有没有转变的可能呢？

在事业转换的过渡阶段，我还经历了一件事，让我回想到自己在女子学院的时光，也进一步激励我做出决定。我在一次聚会上认识了一位女士，她第一句话就说起自己有50亿美元的预算，顺便自报家门，又直言不讳地大谈自己是怎样在男性主导的商业王国打拼成功的。她甚至大夸海口，说自己"更衣室段子说得不输任何男人"。她的肢体语言不仅有力，而且咄咄逼人。她似乎要向人们邀战，这样就好把他们拉下几个档次，可能是通过对比各自的预算大小吧。

人们可能忍不住称这类女人有"男性气概",而她也可能把这当作褒奖。毕竟她貌似娴熟地效仿了"男性"行为,以便在竞争激烈的商业世界取得成功。我试着向她指出,我的成功靠的可不是效仿男人的"更衣室"行为(我们也得承认,多数男性不做所谓的"更衣室"行为)。她鼻子一哼说道:"哦,是吗?你又凭什么自认成功呢?"

虽然我在当时为这次遭遇深感困扰,但现在却要感谢这位"50亿美元女士",是她触动了我,让我认真思考了我自认为的"成功"是怎样的。我一开始是假定自己想要走一条已经公认的成功之路,即取得博士学位—在国际学刊上发表原创成果—获得终身职位—职位晋升。最终,我意识到,那些关于成功的定义对我意义不大。要想晋职就得申请津贴,但我又意识到自己并不真的渴望晋职,也并不真的需要津贴。对我而言,成功在于我帮助他人改变了生活。作为教育工作者,我帮助他人的最大机会在于使他们厘清面对的难题,如数学问题等。这是另一种类型的成功,是一种没有被社会充分推崇的成功。我费了一定的努力才明白,我的价值观不同于学术生涯标准路径所推崇的价值观。

3 挺身而进的问题

数学领域的成功

数学上的成功有一个传统标志是菲尔兹奖,这是数学界的知名大奖。因为诺贝尔奖里没有数学奖,所以该奖又被称为"数学界的诺贝尔奖"。历史上的菲尔兹奖一直是男性独统天下,直到2014年。首位获奖的女性为玛丽亚姆·米尔扎哈尼(Maryam Mirzakhani),也是第一位获此殊荣的伊朗人。米尔扎哈尼于2017年不幸死于乳腺癌。她称自己是"慢半拍"的数学家,靠着在大张纸上涂鸦来算题,她的小女儿称之为"画画"。[1] 这完全超出了数学家的标准印象:竞赛机器,算题神速。

数学方面的早期"成功"标志,是国际数学奥林匹克竞赛,那是面向在校学生的国际性数学竞赛。有些青少年参赛培训的严格程度可以说不亚于真正的奥运会训练,而获胜队全是男生的情况并不罕见。根据538(Five Thirty Eight)网站调查结果,在美国参赛史上(始于1974年),

---

1 Andrew Myers and Bjorn Carey, "Maryam Mirzakhani, Stanford mathematician and Fields Medal winner, dies", *Stanford News*, 15 July 2017.

其 6 人队有 88% 为全男队。[1] 美国分别于 2018、2016、2015 年赢得冠军，三次都是全男队。（2017 年韩国夺冠，仅有 1 名女队员。）

对于国际高等级赛事中缺少女生的现象，一直以来争议不断。女生是因为偏见而未能入选，还是她们恰好数学不行？有人指出，她们入选不了国家队，是因为地区或地方队几乎就没有女生参赛。为什么会这样？怎样才能说服更多的女生参赛呢？

我倒更想提出这样一个问题：说服更多女生参加奥数竞赛对我们重不重要呢？奥数竞赛并不是数学成就的终极目标，而是一个不以竞赛为重心的领域里的被人工构造出来的一项竞争。奥数参赛者中的确会有不少人后来成为杰出的或伟大的数学研究者，但成为杰出数学家的路远远不止这一条。事实上，数学竞赛还可能吓跑一些喜欢数学但不喜欢竞赛的人（我就是一个）。（顺便提一下，玛丽亚姆·米尔扎哈尼倒是在 1995 年的奥数中达到最高等级，

---

[1] Leah Libresco, "Girds are rare at the International Math Olympiad", FiveThirtyEight.com, 22 July 2015.

赢得了满分和两枚金牌,尽管她后来自称是个"慢半拍"的数学家。)

我觉得我们不一定要想方设法地让女生在这些赛事中成功。我觉得这个目标不合理。我更希望我们能找出那些没有在竞赛中闪光但又有价值的优势,或是没有得到其他传统成功标准认可但又有价值的优势,同时想出方法来鼓励和赞赏这些优势,无论人们的性别如何。

与其让女性去模仿或效仿男性,倒不如把她们看成独立的自我。已有大量文章论述了女性为团队和管理层带来的优势。然而一如往常,我们免不了一概而论,言不由衷地指出这些优势并不是所有女人都具备,不少男性也具备。这些优势包括沟通技巧、同理心和协作精神,它们对于任何试图共同成就事业的群体都是宝贵财富。

然而,赞赏女性的这些"女性气质优势",赞赏男人表现出来的这些特质,并不能解决我们将性格特质与性别挂钩的错误假定,并不能让我们摆脱分裂性的性别之争,并不能让我们跳出一维的思维局限。如果我们反对"男人更强"的观点,那么反过来说"女人更强"也没什么意义。这搭建的是一个会造成男女对立的规定性框架,而不是描述性框架。

数学中只使用描述性框架。抽象理论不可能将行为强加给具体的生活。所以，如果我们的理论不能准确地描述某种事物，那么这个理论可能只是逻辑上合理，但既不相关，也没有实际作用。有关人的理论能影响人的行为，尤其是在社会上有很大比例的人相信这个理论的时候，但这并不能使理论起到实际作用，事实上还会使理论更具有破坏性。数学领域的理论则只会表现出无关性，但不会造成实际伤害。

当事情变得有点困惑时，我们倒可以按数学方式来解决，即回到基本原理。

回到基本原理

在数学中，回到基本原理通常是先找出我们所依赖的假定条件，然后能舍弃多少就舍弃多少。换句话说，就是深入探析我们的思维过程，以回到更加基本的概念上来。

比如说，当一个女人遭到性侵，人们的注意力往往会

3 挺身而进的问题

转向她的穿着。但是,如果有人说这个女人是因为穿着暴露而遭到性侵时,其实就是在隐性假定男人(因为通常都是男人)禁不住要骚扰穿着暴露的女人。下图为上述各因素的综合效应图,其中的虚线表示惯常被人忽略的部分。

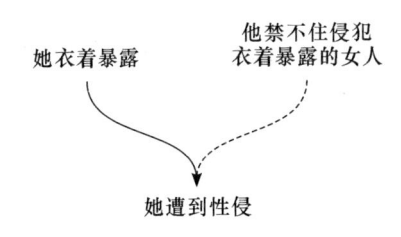

```
    她衣着暴露         他禁不住侵犯
                      衣着暴露的女人
         \           /
          \         /
           ↓       ↓
           她遭到性侵
```

再举一个不那么暴力的例子。当我穿着裙子出席演讲活动时,技术人员好几次都说我穿裙子不方便连麦。而我一般都会打断他说,"因为这种设备是男人专用的",直接把关注点转移到"麦克风只能像这样设计"这个基本假设上。[1]

---

[1] 注意,技术人员通常都是男性,但也有例外。我遇到的非男性技术人员从来没有这么说过。还有,我现在都是随身自带装备,这样就算穿着既无腰带又无衣领和口袋的连衣裙,照样可以佩戴男人专用的领夹式麦克风。

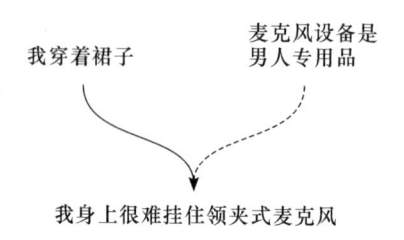

```
我穿着裙子          麦克风设备是
                    男人专用品
         ↘         ↙
      我身上很难挂住领夹式麦克风
```

注意，这里还有一个假设，即男人都会穿有衣领有口袋的衣服。我们可以添加一条虚线连线表示。

现在，我们来看看哪些假设会促使人们产生"传统上与男性挂钩的性格特质更有利于成功"的想法。

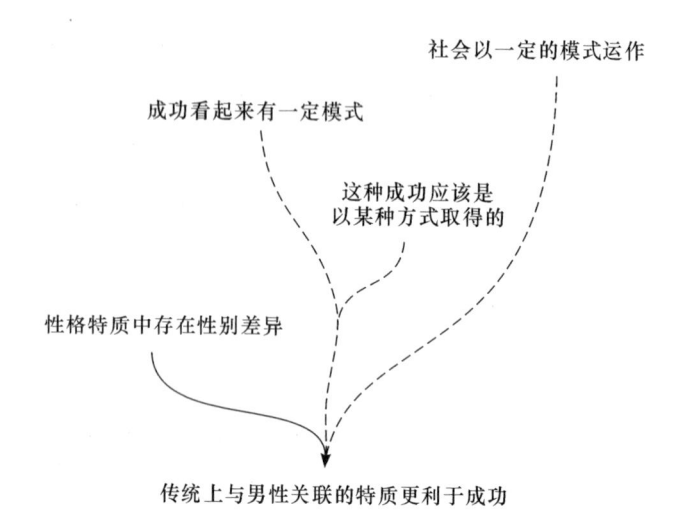

```
                              社会以一定的模式运作
   成功看起来有一定模式
              这种成功应该是
              以某种方式取得的

   性格特质中存在性别差异

         ↓
   传统上与男性关联的特质更利于成功
```

在这个案例中,这就意味着舍弃性别与性格挂钩的假设,分离出这些变量。也就是在性别确实重要时关注性别,在性别不重要时关注性格特质。

请记住,在很多意义上,性别的确影响人的经历,而经历又影响行为。我不是说要"无视性别"。虽然不平等仍然存在,虽然历史上的不平等仍然影响着现在,但我主张采取更主动的措施来对抗不平等。在我看来,如果将性别与性格分开而论,就能更好地理解我们要采取的措施。斯蒂芬妮·雪莉女爵士(Dame Stephanie Shirley)的故事就是一个典型的例子。

斯蒂芬妮·雪莉女爵士

斯蒂芬妮·雪莉女爵士一度是《星期日泰晤士报》富豪榜上唯一榜上有名的女性,所以就连"50亿美元女士"也得口服心服地称她是成功人士。雪莉女爵士是双料先锋人物,先是计算机编程(这是她赚钱的方式),后是关爱孤独症儿童(这是她的花钱方式)。

我是从她的回忆录《顺其自然》（*Let It Go*）中了解到她的事迹的。1939 年，5 岁的她和姐姐通过"难民儿童行动"被救援到伦敦，并被中部地区的一对夫妇收养。她的数学天资极高，但很早就遭遇到性别阻碍：她就读的女校不教数学，她只能去当地的男校上数学课。

20 世纪 50 年代，她做了计算机程序员，那时的女程序员极为鲜见。

她发现自己很难受到重视或被真正雇用，尤其是有了孩子以后。她还描述了工作时受到过性骚扰。于是她决定不再求职，转而自己开公司并在家经营，专门挖掘以女计算机程序员为主的被忽略的人才资源。

起初，她遇到了一些与以往工作时一样的老问题。那些潜在客户并没有把她当回事。所以她又做了一项试验，发出了同样的业务征求函，但信件的署名不是"斯蒂芬妮"，而是"斯蒂夫"。结果，一笔又一笔订单接踵而至。

虽然这听起来像是在效仿男性做派，但实际上无非是利用男性的名字来克服偏见，而且在她之前还有不少先例。夏洛蒂·勃朗特（Charlotte Bronte）就是用柯勒·贝尔（Currer Bell）的笔名出版的《简·爱》，玛丽·安·埃文斯（Mary Ann Evans）也是用乔治·艾略特（George Eliot）的笔名写作，乔安妮·罗琳（Joanne Rowling）则是用 J. K. 罗琳的笔名写书。

斯蒂芬妮·雪莉并没有特意效仿男性做派来经营公司。事实上，她的所作所为多少有些与此相反。她审视了女性被行业排斥的原因，化劣势为优势，所创建的公司成就斐然。其原因是什么呢？

当时偏见盛行。雪莉认为，有很多女程序员比某些男程序员更优秀，但就因为她们是女人，所以找不到工作，尤其是按当时的标准，女人一旦结婚或生子就得停止工作。因此，雇用这些女性让雪莉的公司如虎添翼。但接下来出现了更为实际的问题：女性生孩子，然后就想做兼职，而且也许只能不定时地在家工作。以此为由而不雇用女性，在现在看来是助长了整个社会的结构性性别歧视，但很多人，包括传统主义者、更冥顽不化的资本家和小本生意人，仍然反对这种观点。因为他们认为，想要短时间不定时在家工作的人其实都是累赘，无论是男是女，无论有没有孩子。

这个问题通过立法得到了一定程度的解决。法律强制要求公司消除顾虑，允许女性休产假（或多或少也允许男性休产假），放宽女性在孩子年幼期间的工作要求。然而，值得注意的是，一些公司仍在想方设法规避这些法律，而且美国的规定也远不如其他发达国家严格。

斯蒂芬妮·雪莉则比立法更进一步，不仅没有顾忌这些问题，更是针对这些问题创立了公司，专门雇用年幼孩子的母亲。毕竟，即便是在那个年代，编写代码也不需要在特定的时间、特定的地点完成（那时的程序是在纸上编写的，到后来才在计算机上实现）。雪莉认为，有年幼孩子的母亲可能是所有人员中最积极高效的，因为她们知道自己的不间断时间不多，而随着妇女解放运动的推广，她们又渴望得到更多的智力激发，来为改善家庭经济条件做贡献。更重要的是，雪莉采取的是按劳取酬而不是按时计酬，从而使效率重于出勤率，同时还可能发挥母亲的优势，因为她们知道自己的时间有限，只能趁孩子入睡期间和丈夫回家吃晚饭之前工作。

斯蒂芬妮·雪莉的故事后来加上了一个不愉快的续集。1975年，《性别歧视法》生效后，她的公司成为首批触犯该法的公司之一，使她再也不能在雇用员工时偏向女性了。《性别歧视法》的本意是要阻止女性边缘化,但一经出台就击中了一家从一开始就是女性拥护者的公司。然而,我们还是可以从她的全部经历中得到收获,包括这部分续集。

雪莉的故事同时涉及两个维度。一个维度是女性所遭受的显性和隐性歧视,包括女校不教数学,不期望女性上大学,职场性骚扰,女性结婚生子后就得停止工作,等等。另一个维度是社会的文化和结构性问题,使得女性难以取得成就,尤其是在生子以后,其中涉及出勤率文化和工作时间不灵活等问题。

雪莉同时应对了这两个问题:只雇用女性,并打造一种不同的工作环境让她们得以成就自己。用当今的说法,雇用更多的少数人群体代表了多样性,而打造使之有归属感并能成就自己的环境则反映了包容性。在斯蒂芬妮的故事中,在一般的情形下,二者具有相关性;但由于它们不属于固定或可明确定义的关系,因此,我觉得将它们分开考虑,避免隐藏假设或遗漏问题,会让事情更加明了。

要解决显性和隐性偏见,可能需要明确的干预措施。然而,如果我们**只是**应对那种类型的偏见,最终结果只会是提高了多样性，但没有提高包容性。如果我们增加雇用女性的人数，但维持的环境却让她们无法忍受，她们要么会辞职，要么会痛苦地待在这里，没法好好工作，进而让人们继续认定男人的工作更优秀，而且还可能被指责"对男性性别歧视"。

相反，如果你只应对文化问题，就可能会认可"无视性别"的观念，或者认为"应该"把每个人都看作无差别的人，赞赏他们带来的价值，无论其性别如何。如果是在已经实现平等的世界，这样做毫无问题；但由于目前尚未到达这一步，这种方式还是无法解决社会上以往的或广泛存在的不平等。

我们真正要解决的是下图中的两个问题。

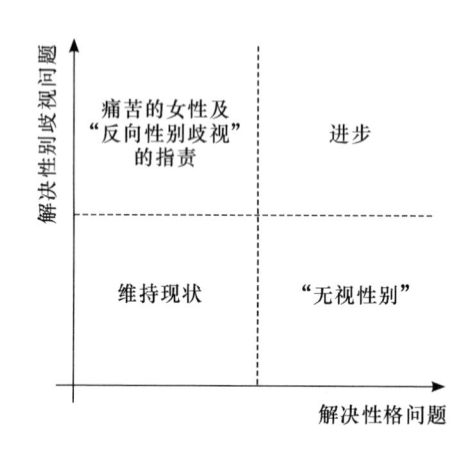

	解决性格问题 →
解决性别歧视问题 ↑	
痛苦的女性及"反向性别歧视"的指责	进步
维持现状	"无视性别"

斯蒂芬妮·雪莉女爵士的确同时解决了这两个问题。而且，即便是按传统资本主义的衡量标准，她的公司也是极其成功的。

在当时，可以说只有采取极端的干预措施，才能克服以往的性别歧视。也许我们现在不再需要极端的干预措施，比如整个公司只雇用女性不雇用男性，但我们还是得要同时解决性别和环境这两个问题。我觉得最好是找到一个方法，将性格和文化与性别分离开来，再借此思考怎样才能像斯蒂芬妮·雪莉女爵士那样改变我们的社会结构。

改变文化

与其向女性提供额外帮助，不如通过改变整个衡量价值的文化来解决其中的部分问题。我们可以承认，有些传统上与女性相关联的技能对于任何团体、机构或组织都有重要意义，比如培养孩子、沟通交流、充分发挥人们的长处，并承认这些技能可能伴随着情绪的细腻敏感。大学可能偏重教学、指导、外联和公共参与，但不应该一味偏重具体成果的研究，还可以重视会议的组织，因为会议往往能大大推动研究的完成。

20世纪90年代，有人对牛津和剑桥大学的男生成绩远优于女生的现象进行过调查，尽管考试都是匿名的，无法将调查归结为直观的偏见。[1]结果出人意料，历史考试的性别差异居然比数学考试还要突出！

最令我难忘的发现是，男生写的文章往往立场鲜明，义正词严，而这样就能得高分，而从不同角度综合论证的中庸立场就得不到高分。（报告除此以外还涉及了很多其他方面。）有一种解决方案是训练女生进行更多的一面倒的论证，但这样做真的有利于社会吗？我们其实可以反过来想一想中庸论证的价值，无论提出论证的人是男是女。

与其推崇埃米·诺特是一位"杰出的女数学家"，我们还可以赞赏那些奠定进步基础的协作性贡献，而不只是领军人物的丰功伟绩。还有一个例子是罗莎琳德·富兰克林（Rosalind Franklin），她对克里克和沃森（Crick and

---

[1] N. G. McCrum, "The academic gender deficit at Oxford and Cambridge", *Oxford Review of Education*, vol. 20, no. 1 (1994), pp. 3-26.

Watson）发现 DNA 结构所做的贡献，可以说一直没有得到充分认可，直到不久前。与埃米·诺特一样，她也是不幸英年早逝；与诺特一样，她的工作和见解对某次重大突破发挥了重要作用，但取得突破的人并不是她。这并不是说基础工作的重要贡献不亚于那项重大突破，但它也许值得更多的认可。而且，这种基础工作又往往是女人完成的。

如果人人都是协作而不是竞争，这世界会是什么样子？这个问题我稍后再谈，但我想举一个更加微不足道但仍能说明问题的例子。每次坐完飞机等待行李出现在转盘上时，我都会想到这个问题。当所有的人都挤在传送带旁时，就很难看清传送带上的情况。人人都要等到行李出现在眼前时才能看清，行李滑过来就得一把抓住，免得一不留神就滑走了。

其实，如果人人都后退几步，那么当行李靠近时，就能看得更清楚，然后就能及时上前拿住行李，不仅不会那么慌乱，而且还有空间将行李拖走，不至于撞到别人。然而，如果人人都往后站，那么难免又有人会向前迈一小步，好比别人看得清楚一些。那么别的人又会向前一步，以便能越过那人。如此继续，用不了多久，大家就又挤在一起，谁都看不见行李了。

如果我说这种向前一步挡住别人视线属于典型的男性行为，说顾及他人感受属于女性行为，一定会引起轩然大波。如果我甚至说，只要我遇到这种事情，我就能看见男性最先围上来挡住别人视线，同样会引起轩然大波。人们大多会觉得我所谓的"个人感受"，就是性别歧视。接下来就会是一场关于脸谱化成见的分裂性争论，进而忘记了真正重要的是如何改进行李提取制度。

正因如此，我们需要换一套词来谈论性格特质。我们需要不与性别挂钩的词，这样才能避免那些徒劳无益的分裂性争论。但我们需要的不仅仅是新词，更需要一种全新的视角来思考和构建这个世界，一种关于人的全新理论。

下部　非性别化思维

4

新维度

4 新维度

2016年秋，芝加哥小熊队（Chicago Cubs）正朝着世冠赛冠军一路奏凯。我对所有的体育运动都稀里糊涂，尤其是美国的赛事，但我相信小熊是支棒球队，他们的夺冠轰动了世界，而且是在沉寂多年后一鸣惊人。

似乎除了我以外，全芝加哥都在疯狂欢呼，包括那些平时不怎么关心体育赛事的人，比如我的音乐家朋友们以及众多女性。

他们真正进入最后阶段（比赛？赛事？锦标赛？）并夺冠的那天，我按日程是要为伊利诺伊州的一个人文项目做演讲的。该项目属于专门为艺术从业人员举办的系列活动，其中有一场不一定非谈艺术的演讲，然后是当地大厨主理的晚宴，可以继续边吃边谈。

我开始犹豫要不要提出改期。预定会议时我们不知道小熊队会打得那么好，我担心到时候会没人来参加。没想到大家还是来了，而且来了很多人。那时我才意识到这简直就是一种奇妙的筛选：来的都是一群根本不关心哪个队赢不赢的艺术家。我的学生当时还都是艺术生，他们的想法也一样。大家一起耸耸肩，对旁人的狂热劲儿都有点莫名其妙。

我由此联想到一些人，他们无心竞争，也无意出人头地，而是更醉心于创造事物，醉心于没有对错结果或结论的开放式讨论。给这类人贴上"女性化"的标签并没有多大意义。事实上，认为这类人多少有点"不男人"，还可能让更多的男人（直男）不愿踏入创意艺术的门槛。如果我们将性格特质与性别脱钩，同样也能避免这个问题（这本身也毫无意义）。说一些男人"女性化"和说一些女人"男性化"一样，都是在暗示他们不正常。

诋毁米歇尔·奥巴马的人就是以此为武器，有人甚至说她不仅"像男人"（是因为她身心健壮，浑身透着自信，敢于直言，还有独立于丈夫之外的职业？），而且还说她其实就是个男人（这是因为当然只有男人才具备这些特点？），这是把性别与性格混为一谈的极端表现。

我在上课的时候，常常会遇到性格与性别的问题。虽然了解一定的统计趋势的确有利于工作，但关键是我得根据每个学生的个人情况逐一作答，而不是根据之前的统计数字说话。然而，之前的统计数字的确能提示我注意哪些问题：有的女生确信自己学得不好，但其实她学得相当不错；有的男生觉得自己特别出色，但他们的证明却漏洞百出；有的女生胆小，不敢在课堂发言；有的男生则口若悬河，一心要做课堂会话的主角。

做公开讲座时，我发现成年人也有类似倾向。在我所做的公开讲座中，一般都会问有没有人愿意客串演示。此时往往都是男人举手，眉飞色舞地走上前来。有时会出现长时间的沉默，气氛就有点尴尬。我恳求听讲的人帮个忙，不然我就得亲自演示，效果就没那么好了。最后会有一个女人怯生生地举起手来，一般都是走上前来道歉，说上一句"对不起，我做不太好，实在是太生疏了，好久没做这个了"。有些女人虽然胆怯，但客串起来比有些自负的男人要好得多。

到了提问时间，一般都会有很多男人（通常是白人）马上举手提问，但说出来的往往都是抨击的言辞，不过是掩盖在一层薄纱之下。与此同时，很多女性则会在事后私下向我真正提问，说她们没有胆量当众提问。这种趋势太过显著，于是我设计了几种讲座完毕后再接受提问的方法，不用当众提问或回答问题。这一点将在下文细述。

然而，所有这些趋势都是脸谱化的，即便有"统计数字"和"平均数"撑腰，还是会一概而论地抹杀了个人经验，没有考虑并不是所有男人都会高估自己的能力，也不是所有的女人都胆怯害怕。进一步细究，这些性格特质有可能是性别造成的，因为社会对男女区别对待，很容易形成不同程度的自信或怯场，但这不是说自信与怯场就是男性与女性与生俱来的特点。所以，与其说自信就是"男性气概"，不如改用非性别化术语来谈论性格特质，这样做有益无害。

此时，就可以利用非性别化词语来帮助我们想出方法，发现男性和女性身上有哪些不同的特点是值得赞赏和培养的。迪尔德丽·麦克洛斯基（Deirdre McCloskey）在《跨越》（*Crossing*）一书中描述了自己变性成女人带来的新感受，其中一个感受是女人居然会帮她的忙。相反，"如果是女人变性成男人，你面对的就是美国男人不会相互帮助的事实，让人很不愉快。美国的男性理论是你生病了由你的女人照顾你，但别的事情都得你自己做。男人之间相互帮助太丢脸了，因为这是无能的表现。换作女人之间，帮助才是关键，因为帮助就是爱，是爱的全部含义：关心、同情、有求必应"。

像这样的男女分化没有一点道理可言，有的只是根深蒂固的文化偏见。我相信，如果改用非性别化语言来谈论这些事情，就可以摆脱这种文化的局限，人人都能畅享爱和帮助带来的美好。

通过上述所有经历和思维过程，我逐渐意识到，我们需要思考新概念，或是以新的方式思考旧概念。我发现，新术语是有效思考这些新概念的关键密钥。

我们需要非性别化的新语言，以便将性格特质与性别区分开来，减少分裂性会话，使人们不必戒备"并非所有男性"或"并非所有女性"都怎样怎样的说法，因为男人的确不尽相同，女人也一样。并不是所有男人都咄咄逼人、争强好胜、敢于冒险、缺乏同情。即便有人行为的确如此，可能也是迫于社会压力及社会规范强加的观念，即只有这样做，才能在社会上取得成功。当某种行为得到社会回报时，很多人都会竭力效仿，即使这在深层次上并不能让他们快乐。

面对这些压力，男性与女性的遭遇在当前是恰恰相反的。虽然男女都可能不喜欢传统意义上的大男人做派，但是，如果女性决定不效仿，至少人们还会认可她们有女性气质；换作是男性，人们可能就会批评他们缺少"男性气概"。比如说，如果女人挣钱比她们的男性伴侣少，或者比对方年纪轻，或者教育程度比对方低，人们会觉得很正常。相反，如果男人挣得比他们的女性伴侣少，或者比对方年纪轻，或者教育程度比对方低，人们就少不了指指点点。相比之下，如果女人表现出"男性气概"的特点，她可能会更加成功，但同时也可能会遭受非议，因为这些特点到了女人身上就成了缺点。在男人身上是有志气、有自信，换成女人就变成了出风头、太强势。如果社会更公平，那么男女承受的压力应该是一样的，也就是无论我们赞赏什么和鼓励什么，我们的赞赏和鼓励都应该一视同仁，不分性别。这不是要笼统地"无视性别"，因为我们仍然需要看到性别，这样才能对抗直接基于性别的不公；而是要学习如何终止系统性的偏见，不再毫无道理地青睐传统意义上与男性挂钩的特征，进而给予男性优待。

自从我在芝加哥艺术学院教数学后，我对性别不平等和性别规范的感受发生了天翻地覆的变化。按照美国教育界的说法，这是一所"艺校"，也就是所有学位都与艺术相关的高等学府，开设有美术、雕塑、建筑、设计、时装、摄影、动画等专业。我之前曾教过学术性大学传统数学专业的学生，我的班上往往有 90% 的学生是男生，相比之下，只有 40% 的艺术生认为自己是"男性"。可想而知，这些男生并不符合任何传统意义上"男性气概"的性格类型。他们中的有些人，尤其是较为直率的白人男生，的确表现出在重男轻女社会中长大的优势，比如更能大胆地在集体场合发言，但并不是所有男生都养成了这种习惯，而且不少人都很在意他人的需求和声音，会低调行事，让旁人有机会参与。

如果说与非艺术界那些争强好胜且挣钱更多的学生相比，他们没那么有"男性气概"，这不仅是一种分裂、侮辱，我认为这更具有阻碍性。

从数学的角度看，如果有两样东西不相等，我们可以让小的变大或大的变小，或二法并用来使它们相等。不过，我们还可以用一种完全不同的方法达到同样的效果，就是将两样东西放在一个全新的维度去评估。虽然结果不一定让它们相等，但至少可以保证二者都不会受到原初的不等式的影响。

举个例子来说，如果有两个人同时面试打字员岗位，我们可以让个矮的人站在箱子上来使他们的身高相等，也可以认定身高与做打字员无关，从而只需评估他们的打字水平如何。

这听起来很傻，但是，让个子矮的人站在箱子上，本质上与我们一直在想着男女有什么不同、为什么不同、该怎么解决是一个道理。我们要了解的可以只是人们的相关特点（这些特点大多时候都与其性别无关），而不是一味地拿性别作为性格的代名词。这不是要追求严格意义上的男女平等，因为男女事实上并不相同；而是要确保是男是女没关系，除非万不得已（如在妇科医生的办公室）。这就是要找到一个全新维度来思考问题，一个独立于性别的维度。

建立新维度，是为了摆脱旧维度。坐在列车上，就得按列车的轨道运行。这是一维的（除了分岔外），因为列车只能前进后退,是同一个方向的正反面。要想挡住列车,就必须挡住列车的前进或后退方向。但是,你可以通过调用另外一个维度来逃离:打开一扇车门跳出去。

此时你就可以在左右方向上移动,这是列车做不到的。

维度是方向,但这个方向可以不是空间上的,而是思想上的。如果我们在考虑选一家餐馆吃晚餐,就可能会根据价格、菜肴、氛围、离家远近等因素来评估是否合适。这些因素都是抽象的维度,是思想的维度。

在考虑思想的维度时,利用新维度仍然能帮助我们逃离陷阱。这或许会让我们联想到如今已是老生常谈的"跳出框外"的问题解决法:我们正在使用新的抽象维度来逃离有限的低维度思维。

有时候,更高的维度早已存在。生活太复杂,需要简化后才能理解,而简化的方法之一是降低维度描绘它。好比拍照片,就是用二维技法描绘三维世界。如果我们试着根据照片重建场景,则不完全是在"创造"一个三维世界,而是尝试重新发现被照片消除的维度。如果我们是在处理思想的维度,那么使用更高的维度,就是遏制单向思维的冲动。这听起来似乎会让事情更复杂,但有时不过是暂时的复杂，从长远看却能让事情变得简单。

在第一章中，我们阐述了数学如何利用新维度来摆脱负数不能取平方根的困境。数学家想出了一个新的数字维度，称之为"虚数"，我们将它表达为第二维度，通常是垂直方向的，而普通的数轴则是水平排布于页面上。这个新方向的基本单位叫作 i（代指虚数 imaginary），此时的 i 被宣称为 −1 的平方根。这个方向与原有的"实数"方向结合后，形成了我们能够到达的二维空间，叫作复平面；点代表的数被称为复数，是实数和虚数组成的混合体。下图为复平面及复平面上的一些复数点位。

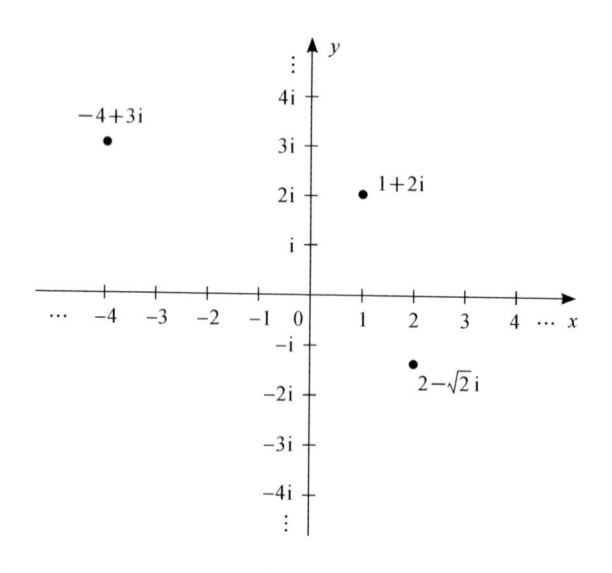

虽然从某种意义说,虚数无非是数学家"想象"出来的概念,但这个额外的维度的确能帮助我们更好地看清事物的真相。比如说,实数中的数字 1 具有 1 和 -1 两个平方根,因为 1^2 等于 1,而 $(-1)^2$ 也等于 1。然而,1 只有一个立方根(即 1),这让数学家们有点不满意:为什么没有三个立方根呢?我们现在面对的可是三次幂啊!在复数中,我们可以证明 1 实际上是有三个立方根的[1]。而且,如果在复平面上绘制这三个立方根,我们还会发现,它们是围绕着一个半径为 1 的圆呈等距离分布的。

---

[1] 我们可以做些乘法来证明:$\left(-\frac{1}{2}+\frac{\sqrt{3}}{2}i\right)^3=1$ 和 $\left(-\frac{1}{2}-\frac{\sqrt{3}}{2}i\right)^3=1$。这种计算可以说挺乏味的,但不算难。

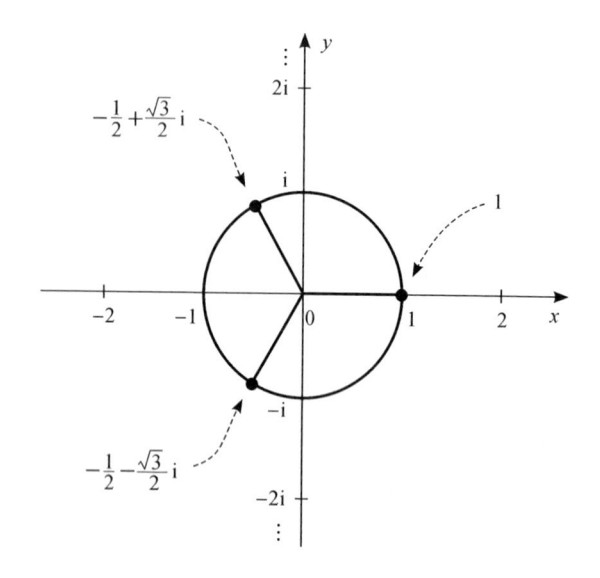

通过上图中的几何图形，我们可以概化到 1 的 n 次方根，即复数 x，使得 $x^n=1$。这些复数同样是围绕一个半径为 1 的圆等距离分布。下图为 $n=8$ 的情形。

二维中的图和图形要生动得多，而在一维的实线上，我们实在表达不了什么内容。[1]

---

[1] 如果改用极坐标来表达复数（用半径和角度来表达平面上的点），而不是用这里所用的坐标（用 x 坐标和 y 坐标来表达平面上的点），整个画面会变得更清晰。

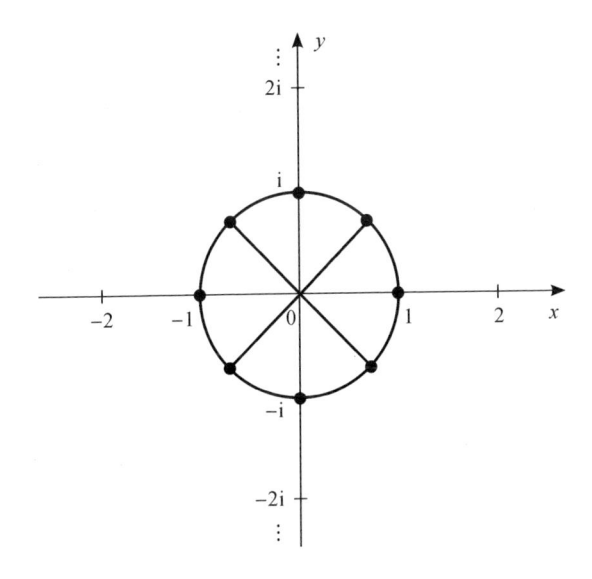

本例说明，提高维度虽然会加大问题的复杂度，但能让思路更清晰，更富细节，这也是高维度的典型优势。复杂度就意味着我们往往会回到低维度以寻求便利，就像人们往往喜欢拍照留影，而不愿费力在脑中记住风景的所有细节。这样做也没什么不好，但要记住，可能的角度太多、太不同了，有些角度会错过至关重要的细节，但换个角度就可以捕捉到。如果能从不同的角度观察事物，即使不提高维度，也能很好地看清事物的本质。

我个人对高维范畴论的研究，有很大一部分是游走于高维结构与它的低维"足迹"之间，探讨的问题都具有双向性：高维结构会留下怎样的低维足迹？通过低维足迹又能推导出高维结构的哪些特点？足迹往往会将我们带入歧途，让我们对高维度产生错误的印象，就像第一章中的二维阴影，乍一看以为是一只脚，但实际上是我的手。

我很喜欢彼得·霍格（Peter Hoeg）的小说《影都雪恋》（*Miss Smilla's Feeling for Snow*），书中有一个细节让我久久难忘：斯蜜拉小姐对雪中脚印深有研究，能通过孩子留下的脚印还原出孩子最后时刻的点点滴滴。她从小就是玩辨认雪中脚印的游戏长大的。孩子们让其中一个人闭上双眼，其他人在雪地里跳来跳去，然后再让闭眼的那个人猜出那些脚印是他们做哪种跳跃留下的。我有时候，感觉我的工作也是如此。

思考性别有时也让我有这种感觉：我们提取了人们性格特点的一个复杂的高维结构，以一种有缺陷、缩减性的方式封装在这个维度中，而我们还原高维结构的尝试却并不太顺利。我们需要做得更好。

看起来，我像是在一边讨论寻找"新"维度，一边又在找回已被我们排挤出意识之外的旧维度。在数学中，我们到底是发明了新东西，还是发现了早已存在的东西，这问题本身还悬而未决。就我个人而言，每当我展开新的研究课题时，我就觉得像是在**发现**已经存在的概念，我做的不过是在**发明**阐述这个概念的方式而已，而后者更重要。有时候人们会说：数学"不就是种语言"吗？好像语言不过是区区小事，其实不然。

语言的作用不容小觑。语言能帮助我们厘清对事物的思路，即便我们是先想到那个事物后才创造了词语去表达它。创造一个词语来表达某个概念，可以更便于人们在大脑中携带它。如果大脑中携带一样东西不让你精疲力竭，那么就能携带更多的东西，带着它们走到更远，用它们做更多的事情。

数学领域的新概念就是这样产生的。可以说，概念本身并不新，不管我们有没有给它一个词来表达，它都是客观存在的。给了它一个词来表达，这个词就可以开启一连串全新的思路，让我们举一反三，走得更远。

有一个基本的例子是乘法。数字的乘法可以简单地看成加法的重复，所以 4×2 实际上就是

2+2+2+2。

在某种意义上，乘法算不上是新概念，我们也不需要用什么词来表达它，因为乘法可以用加法来表示。但如果我们把乘法看作一个新概念，那么就能创造出各种不同的新事物。首先，我们可以做远比加法复杂的运算，如 55×65，如果按加法不断重复会耗费很长的时间。另外，我们现在还可以通过依次重复，在乘法的基础上创建新的概念：$4 \times 4 \times 4$ 可以得到幂级数，写作 4^3。如果我们非得用加法来表示，就不得不这么做：

（4+4+4+4）+（4+4+4+4）+（4+4+4+4）+（4+4+4+4）。

那就太麻烦了。另外，我们还可以想出各种不那么像重复加法的乘法版本。

有一个概念是将形状一起相乘，将图形与图形分类相乘，对称体与对称体分类相乘，起点都是将重复加法本身看成一个概念。

本章中，我将提出一套新词来概括一些我们可能一直在思考的概念。我的目的是让我们从前述所有问题中解脱出来，因为问题的根源是将性格与性别混为一谈。

新语言

"女性主义"一词带有性别色彩,因此在很多情形下都具有分裂性。有一次,我在一家机场书店同时购买了两本书,一本是奇玛曼达·恩戈齐·阿迪契(Chimamanda Ngozi Adichie)的《我们都应该是女性主义者》(*We Should All Be Feminists*),一本是杰莎·克里斯平的《我为什么不是女性主义者》(*Why I Am Not a Feminist*)。

我觉得两本书凑在一起挺滑稽,就对收银员评说了一句,但他连半点认可的表示都没有。我想,对他而言,卖书给我不过是他工作的一部分而已。我确信,如果换在桑德迈耶书店,就是我们当地的那个家族书店,我们肯定会兴致勃勃地讨论起来。

结果发现,这两本书并不完全相互对立,只不过它们采用的女性主义定义不同而已。前面已经谈到,在女性面临的问题中,一部分是直接因为她们身为女性,一部分问题则是间接造成的。而且在人们面临的问题中,还有很多与她们是不是女性完全无关。这些对抗性问题的分裂性争论,还有这些问题的相互对抗,其实已经沦为被掌权者玩弄于股掌的工具，用以帮助他们维护手中的权力。

感觉到自己被排挤在权力之外的女性也在开发语言，帮助她们扭转这种不平等。一方面，这种语言可以很好地激发和联合一部分女性，让她们集中精力为目标而战；另一方面，它又往往容易疏离其他人群，如本可以成为盟友的男性，还有那些更加弱势的女性，她们觉得自己被女性中处于有权地位的女性所忽视了。

有一个极具分裂性的词是丽贝卡·索尔尼特（Rebecca Solnit）自造的动词"男人说教"（mansplain）。这个词让全世界的女性不约而同地松了一口气并一致点赞：终于有一个词来描述这种常常发生在我们身上的事情了，而之前我们也不太能说得明白，或者无法确定这是不是我们的主观臆想。我之前也曾撰文论述过稻草人谬论来批驳这个概念。[1] 有几位男性宣称已经取关了我的推特账号，就是因为我使用了这个词（我可不想念他们）。有的人宣称"女性同样会男人说教"，这表明他们误解了概念的本意。重

---

[1] 稻草人谬论：杜撰出一个无人提出，但很容易击倒的不同观点，然后把它击倒。但你并没有反驳任何人的论证，因为没有人正在提出那个论证。见《逻辑的艺术》。

申一下：男人说教并不单纯是说男人不可一世地向女人解释某件事情，而是在有明显迹象表明女性早已知道该事，而且可能比他知道得更清楚的情况下，他仍然不可一世地说教，这很贴合众多女性一生都会经历的模式，即社会普遍认定男性比女性更博学。正因如此，女性普遍会遇到男性看轻她们的知识和能力，对她们指手画脚，拿她们的主意当自己的主意，甚至在女性说完话后立即重复一遍，好像又提出了一个新的见解。因为社会上广泛认同的假设是男性是他们各自领域的专家，所以女性就不能进行男人说教。男人说教有点像是在挑剔比你个子矮小的人。但如果你比对方个子矮小，就不能说你是在挑剔比你个子矮小的人了。不过我承认，这种想法的确会让一些男性恼火，至于它重不重要又是另外一码事。无论怎样，这都说明语言的分裂性有多严重。

还有一个女性和女性主义者越来越频繁使用的词是"父权制"，即承认并提请人们注意这样一个事实：在我们当今社会中，权力的机制是向男性倾斜而对女性不利。这个词也让一些男性不满，因为他们作为个人会觉得自己在社会上并没有多少权力。但问题是掌权的男性要比掌权的女性多得多，而由于社会的结构模式是偏重男性的，所以，这种天平的倾斜早已根深蒂固。有些男性可能觉得自己并没有因为所谓的"父权制"而得到好处，比如同性恋男性和穷人男性。有一位黑人男教授曾告诉我，他觉得所有女性（包括黑人女性）得到的生活救助和最后的归宿都要好过黑人男性。

出于上述原因，我在提及"父权制"时，会试图将之定性为"异性恋白人父权制"，或"异性恋富有白人的父权制"，或"异性恋富有白人的顺式父权制"，但这样一来，我又会禁不住要问：我们还得为这种情形附加多少个形容词？我倒是相信在考虑世界公平与否的时候，必须兼顾上述所有身份，就算有些人，通常是白人直男，会对着"身份政治"翻白眼。但重要的是，我觉得我们还需要找出一种方法，能将人们的相关特征从整个身份讨论中**剥离**出来单独考虑。我们需要停止将问题模糊化。如果人的身份因为周围人群的偏见态度或社会中根深蒂固的不平等而至关紧要，那就真是个问题。但是，当我们考虑性格特质或能力时，就不必非要与性别或其他身份扯上关系了。是不是与性别相关根本无关紧要,因为相关不属于因果关系,不能完全决定一个人的真实情况。

前面已经介绍了自己遇到过的好几位女性，包括我曾就职的女子大学的几位教授，还有晚会上认识的"50亿美元女士"等，她们都不属于传统的具有"女性气质"的类型。我还见过可能与女性气质相关联的性格特质类型，包括不少男性都有此类特征，如本章开头的所有艺术家，他们对体育都不感兴趣。

为应对区别看待性格特质与性别的需要，我采用了一种数学视角，毫不避讳地将既有的思维重组成一套新的概念，再分别为之命名。在数学中，当我们给新的概念命名时，如果刻意寻求与之前已知的概念建立联系，有时就免不了旧词新用。但有时我们又试图厘清思路，摆脱先验的联想，此时就会编造新词。正因如此，我们在这里也需要创造新词，以打破与性别的先验联想，厘清我们的思路。

我与我亲爱的、共情的、情感细腻、富有合作精神的朋友格里高利（Gregory）一起，经过一两年的头脑风暴，最终想出了以下两个词："独进"（ingressive）和"共进"（congressive）。从词源学意义上说，"独进"是指"进入事物"；"共进"是指"将事物聚集起来"。

两个词都属于描述性词语，而不是规定性词语，只是描述行为或态度或情形。这能让所有性别的人解脱，特别是男性也可以从性别压力中解脱出来。人们可能会迫不及待地按这种新标准来约束自己，想方设法来评估谁是天生独进的，谁是天生共进的，但这绝不是我们的初衷，下文将细述。也许，人们渴望给自己分门别类，就像抗拒给自己分门别类一样急切。

这些行为可能在某种程度上与性别有关，但那也不过是一种事后思维，而不是驱动原则，而且无论如何它们都不属于与生俱来的特质，而是通过社会环境习得的，也因此是可以改变的。按照这些行为特点公平待人可能会带来性别平等的变革，更会带来人类平等的变革。我们仍然需要解决性别主义、种族主义、同性恋仇视、变性仇视、收入不平等，以及各种形式的偏见、偏执和排异等问题，但是，如果有了更好的语言来让这些问题与性格特质分离开来，就能更加清晰地了解问题。我将论证这些概念和术语能开启对话，能在不同身份之间架起桥梁，而不是加剧争论的分裂性，让我们解体成越来越多截然对立、相互竞争的部落。

有了这套非性别化语言，我现在就能更加清晰地反思过去的众多经历和案例研究。我可以说"50亿美元女士"非常独进，这样要比说她在行为上非常"男性化"更有意义。埃米·诺特的工作和布莱奇利女孩的工作都是共进的。斯蒂芬妮·雪莉女爵士的经营模式不仅直接打脸了女性歧视，而且还创建了一种共进的氛围，让共进的人成就辉煌。那些关于"刚毅""强硬"的女性的书籍是在竭力拔高女性形象，因为她们也可以做到独进。谢丽尔·桑德伯格似乎是在要求女性更独进，这样才能在独进的世界里取得成功。这当然不失为一条成功之路。但是，既然我们有了这套新术语来帮忙，就不妨更清晰地探讨一下我们能走的其他道路。

在正式探讨前，请注意，我不是说这是一个单纯的二元逻辑。人们不是非独进即共进。在不同情形下，他们可能有点儿这样，又有点儿那样。这更像是一个二维平面，我们可以在平面上的任何地方，可以在不同时间、不同情形下在平面中穿梭。

```
独进
    ↑
    │
    │
    │
    │
    └──────→ 共进
```

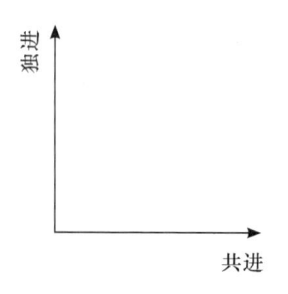

重要的是，二者都不属于固定的性格特质，仅仅是行为类型，而且与所有行为一样，都是可以习得的。有一段时间，我意识到自己的大半生都在学习如何变得更独进，这样才能在独进的社会中出人头地，可能就像谢丽尔·桑德伯格所说的那样。但我不喜欢那样的自己。在我新的组合型职业生涯中，我一直在学习如何摆脱那种独进做派，发现自己能够在坚持"共进"的自我的同时获得成功。这种可以将其表达出来的语言，帮助我找到了如何成事的道理。

两个词的具体定义或表征如下。

独进：关心自己多于关心社会和团体，强加于人多于顾及他人，强调独立和个人，竞争性和对抗性多于协作性，倾向于选择性或单向思维过程。

共进：关心社会和团体多于关心自己，顾及他人多于强加于人，强调相互依赖和相互联系，协作性多于竞争性，倾向于审慎性思维过程。

这不是简单的二元逻辑，尽管有些方面听起来像是彼此截然对立的。这不是把人分成两个阵营，而是灵活动态地评估行为，以反映人不是固定僵化的，而是灵活动态的，每一天都有所不同，一生都在变化。

与既有观念的关系

虽然人是灵活动态的，但我们还是抵挡不住将人的行为划归为（非此即彼的）性别范畴的冲动，因为这种归类而形成的观念也并非全无用处。这些归类在**一定程度上**还是有用的，但我相信，这种有用性同时也会带来大量副作用，而创建新的非性别化视角，就可以在保留有用性的同时，消除副作用。

在我看来，我所读过的大多数有关性别的文章，其实不外乎就是独进和共进的问题，只不过没有形成术语而已。而且，如果继续将这些问题与性别挂钩，就难免将那些不贴合行为描述的人排除在外，还会引起带偏主题的争论：是不是所有男性或所有女性都这样？如此简化男性和女性是不是太过居高临下？发表这样的二元逻辑是不是太过简单粗暴？

约翰·格雷（Jonh Gray）的《男人来自火星，女人来自金星》就是一个有名的分裂性实例，但我发现它其实相当有用。举这个例子并不是说所有男性的行为模式都是火星式的，但它却帮助我认识到有人（任何性别的）的行为模式与我相左，进而帮助我更好地沟通和解决问题，避免加剧彼此的对立情绪。它帮助我理解问题，比如当我向他人诉说生活烦恼时，为什么不肯听从别人的建议（因为我是在寻求确认，而不是寻求解决方法，也就是金星式做派）。我认为该书实际上是在说："有些人在有些情形下是来自火星，其他人在其他情形下是来自金星。现实中往往是男性与女性的做派相左，但也不一定。你可能在这个时间、这个场景下是来自火星，在那个时间、那个场景下又是来自金星。"

不管怎样，如果两个截然不同的事物之间存在特别明显的两极分化，关于其的想象就要引人入胜得多。而一旦追求引人入胜，又会阻碍我们进一步了解事物的细微差别。也许正是因为我们受到的影响而变得太过独进，所以只有独进的两极分化才能吸引我们的眼球？

有了独进和共进这套术语，我们就有机会避免这类问题，因为我们不再一味关注性别，而是将目光转向了性格。至于是不是男性偏于独进而女性偏于共进，这是另一个问题。就算是，其中又有多少是后天习得的呢？但这不是我们重点关注的主要问题。如果我们关注的是性格而不是性别，就更有可能看到它们是灵活动态的，贯穿于人的一生，每天都有不同，随时间和场景的变化而变化。另外，作为一种多少有些抽象的理论，它还可能同时揭示不同的场景（在不同的生命阶段，以不同的程度），同时又能统一大量有关对立性格类型的既有概念。

火星/金星的意象很大程度上专注于人际关系中的交往互动，但也有语言专门针对的是职业上的交往互动。《像女人一样工作》（*Work Like a Woman*）是玛丽·波塔斯

（Mary Portas）的个人回忆录。作者因不同的电视系列片而有着"商店女王玛丽"和"高街女王"之名。表面上看，她是在讲述自己作为女性如何在男性主导的商业世界走向成功并掌握实权的。在我看来，她似乎也在讲述经营和领导上独进与共进的对抗关系，只是没有用这两个词而已。她讲到传统商业的"老大"和"大男人"文化，这两个词都不错，但还是与男性太过关联。另外，她还谈到自己的抱负和事业之路是"垂直"的，而不是"环形"的。（环形不是让人联想到徒劳无功地兜圈子，而是让人想到发散和无层级。）我有点担心这两个词太过明显地关联到性别。只需要小小的心态变化，就可以从垂直和环形联想到男性和女性的外生殖器。

杰莎·克里斯平在《我为什么不是女性主义者》（*Why I Am Not a Feminist*）一书中阐述了相关的观点，她认为："必须以一个协作型时代而不是分割型时代来取代主导型时代。"她呼吁女性主义者"创建一个协作的和兄弟般友爱的世界"。奇怪的是，她本意是要唤醒我们建立一个更加共进的世界，却在最后关头用了一个男性的性别化的词语。

新术语怎样帮助我们

很显然，我觉得不少有识之士早就开始论述有关独进和共进的问题了，只是没有借助于非性别化术语而已。以下我将介绍这类术语能怎样帮助所有性别的人，作为理解世界的新方式，它们甚至还可能让世界变得更美好。这些想法来自我的研究领域范畴论，它从细微处着眼提出新观念，开启了广阔的数学思维新视野，其中之一就是关于我们如何表述和表征事物。

描述事物往往分成两种方式，一种是通过某些固在特性，一种是通过事物在特定情境下的作用。我们可以将巴拉克·奥巴马（Barack Obama）描述为男性，身高 6 英尺（1 英尺 =0.3048 米）有余，体格健壮，灰白色短发；也可以将他描述成美国第 44 任总统，或第一位非白人总统。两套描述都符合事实，但达到的效果不同，关注的对象也不同。

在范畴论中，抽象数学家特别喜欢通过事物在特定情境下的作用来描述事物，鲜少会通过固在特性来做此项工作。就某种意义而言，这种方式适用面更广，因为它让我们专注于与具体情形相关的事物。有的时候，发色之类的事情可能关系到角色的扮演，比如你在试着做某人替身的时候。但在很多情形下，发色是无关紧要的，比如你在实验室做科学实验的时候，或者乘坐宇宙飞船上天的时候，或者进行健身的时候（尽管记者们在描述女性健身的时候，仍然觉得有必要说说她们的发色）。范畴论认为，我们应该专注于任何给定情形下有关的事物，而是否有关则取决于事物在该情形下起到的作用，无论其固在特性如何。

我就是这样根据独进和共进这两个新术语来描述性格类型的。我关注的是人和行为在社会不同领域的作用，而不是他们的性别、种族、性取向、财富或任何其他固在指标。

我认为，这种方法本身就很有成效，很重要，无论它是否能增强性别平等（当然我相信它的确有此功效，而且还能增强其他维度的平等性）。我认为，如果我们将性别和其他固在身份移出争论之外，就能减弱身份的分裂性，提高身份的实效性。也就是说，在身份很重要时（身份往往事关紧要，尤其是在我们考虑偏见之时）专注于身份，在身份无关紧要时就不要专注于身份。这样就能将女性主义论证划分为真正与性别相关的部分和真正与性格相关的部分，而后者可能更隐性或者具有更强的结构性。如第三章所述，我们是将性格与性别分离成独立变量，而不是假定有什么公式将二者相互关联。既有的方法是不断尝试找出根据性别求取性格的公式，同时不断发现这些公式不准确、太分裂、缺乏人性化。

其实，最好的公式是承认没有公式。现实生活中的变量很可能既不是完全的因变量，也不是完全的自变量，所以我们的确能自主选择如何对待这些变量。如果我们把这些变量当作因变量，就会落入各种分裂性论证和规定性的性别关联的陷阱。如果我们把他们当作自变量，则所有的论证都会更加有力，因为我们不再需要将性别对立起来，而是会问：我们在社会上真正要赞赏的是哪些特质？然后，我们就能努力培养、赞赏和奖励每个人身上具有的这种特质，无论其性别如何。通过这种方式，个人就可以影响结构，结构反过来又能影响个人。

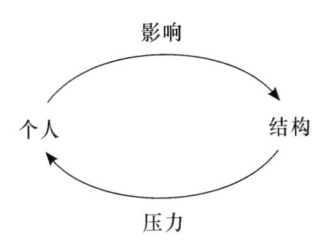

```
           影响
        ⌒⟶
      个人      结构
        ⟵⌒
           压力
```

这种循环大多是恶性的，但我们可以努力让它变成良性的。有时候，我们是因为人们否定结构压力的存在而无法自拔。如果某人对另一个人存在个人偏见或压迫，那是一件事。但是，就算没有人主动这样做，社会也有可能对人造成整体压力，因为社会的结构模式就是这样。正是这种个人偏见与结构偏见之间的差异，造成了对身份政治的强烈敌意和误解。

下图描绘了一些结构上的理由，它们导致世界上男性一直比女性更成功、更强大，借此可以理解我们目前怎样应对，又该做些什么。我用 Y 来表示传统上与男性挂钩

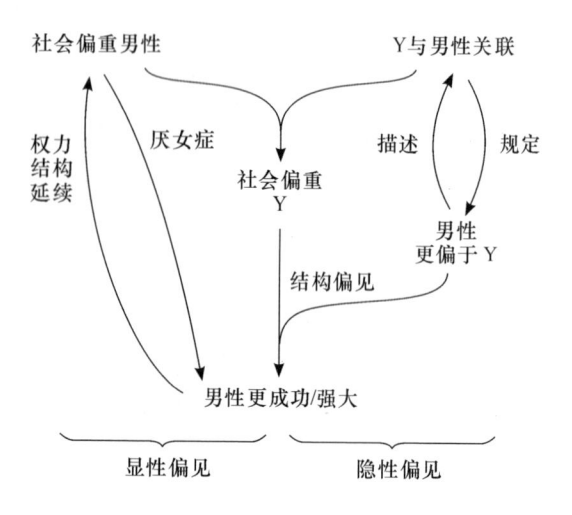

的普遍性特征，如自信、有抱负、争强好胜、敢于冒险等等，但最终我们可以将 Y 视作总体上的独进性。

上图大致分成两个部分。左边为显性偏见，即社会通过直接歧视女性来延续男性的结构性权力。应对这一部分的偏见，绝对需要时刻保持性别意识。然而，如果我们不小心，又会变成"对男性性别歧视"，尽管按照当代一些对性别歧视的定义，性别歧视就是掌权的群体（男性）歧视无权的群体（女性）。无论歧视的对象是男是女，这种歧视都是分裂性的，因为这还是以性别论是非，而且有人还认为现在反过来是对男性"不公平"。

右边我称之为一种隐性偏见，即社会偏重男性不单纯是因为他们生为男性，而是因为社会偏重某些碰巧与男性关联的特征，也许是无意识的偏重。我相信，我们目前正在应对的是性别视角上的性格偏见，而这样做不仅没有解决老问题，反而又引发了新问题。

如果我们针对的只是男性更倾向于具备相应特征（男性更偏于 Y），就会产生伪女性主义，或"挺身而进"，也就是女性应该学习那些特征，"变得更像男人"，以便获得成功。还有一种改变这些将特性与男性相关联的现状的方法，是所谓的"重新定义男性气概"，或者说服男性增加一些与女性关联更强的其他特征。无论我们是要求女性更像男人，还是要求男性更像女人，我们的观念还是建立在性别的基础上，还是停留在一维的层面上。

但是，与其只看图的两边，我们还应该有第三种方法：看中间。我们可以思考社会到底为什么会偏重那些特征。这是不应该以性别为基础的那部分。虽然它目前是与性别相关的，但那可以说是基于历史原因，而不是本质原因。我建议沿着新的维度单独应对这个问题，使之既不偏左又不偏右，也就是截断将它连接到左右两边的箭头。我相信，当我们截断了那些箭头，就会发现社会偏重 Y 特征根本毫无道理。到了那时，我们才能解放思想，思考哪些特征是我们真正希望社会认可的特征。

新语言帮助我们实现这种解放。现在，我们可以说"独进特征"，而不再说"特征 Y"。我要说，独进特征与男性关联，而男性目前显得更独进。此外，社会偏重独进行为，结果是男性更成功、更强大。但我也要说，共进行为其实更有利于社会，所以我们更应该偏重共进行为。如此，社会权力的性别平衡就自动改变了，而无需在性别维度上采取措施。

  作为一个社会，作为一个个体，我们又该怎样变得更共进呢？从当前现状来看，要想在一个独进的社会里取得成功，最便捷的方法就是尽量变得独进，以便获得这些结构所定义的"成功"。但是，我们还可以找到共进的方式，在世界的独进型结构中获得成功。我们还可以改变整个结构，使之成为共进型结构。本书的第二部分论述的是如何建立一个更共进的社会。在下一章中，我首先将阐述社会当前在哪些方面更偏重男性，而且是没来由的偏重。

5 结构与社会

5 结构与社会

我们当今的社会基本上是偏重男性的,我相信其中一个原因是社会本身在很大程度上是独进的。这不是说社会上所有人在本性上都是独进的,也不是说所有人在本性上都是排斥女性的。但是,我觉得这导致了"要成功须独进"的整体压力,进而产生连锁反应,导致性别不平等。在本章中,我将探讨这些独进的结构是怎样不断延续的,它对我们有哪些害处,而我们又该如何扭转这种局面。

由于我是一名数学家,我在构建环境和结构、培养人才方面的主要经验是在数学领域。我同时认为,数学和科学是以独进方式呈现的关键领域,而他们其实具有非常共进的一面。

我对此的感受尤其与众不同,因为我的教学经历非同寻常:如我在上一章中所述,我先是在传统的独进型大学教了几年传统数学，后来才转到芝加哥艺术学院给艺术系学生教数学。在我任教的头几年中，学生的中小学数学都很好，而且很喜欢数学，愿意上大学后继续攻读数学专业，班上的学生也都是男生占绝大多数。后来我转到艺校后，学生在中小学阶段的数学水平普遍较差，往往讨厌数学，只要条件允许都避之不及，而此时的性别关系又变成女多男少。

现在我们知道了如何跨越性别去追溯更加基本的原理，我就可以推论这与独进倾向有关。我们以独进的方式教授和呈现数学，这更受独进的人喜欢，进而又意味着更受男性喜欢，而让更多的女性望而却步；当然一如往常，如果我们拿性别说事，又得要说"并非所有男性"或者"并非所有女性"。这也牵涉到我的个人经历，我自己就是铆足了劲向独进靠拢，一心想在数学的学术生涯中出人头地，最后发现自己并不喜欢这种形象，然而便向共进靠拢，结果发现自己不再喜欢这种职业生涯了。

在给那些优秀、聪明、有思想、有自我认知又往往害怕数学的艺术生上数学课时，我抓住机会向他们了解以往学习数学的经历，想找出他们放弃数学的原因，进而找到"让他们重拾信心"的科学方法。一言以蔽之，他们抵触数学是因为数学太独进,还有教数学的方式太独进。当我向他们显示数学其实非常共进,并且以共进的方式教他们数学时,他们又重拾信心了。我相信,数学是可以共进的,教育也应该是共进的。然而,与社会上的众多领域一样,"教育和数学是独进的"成见早已根深蒂固,但我觉得这又是另一种循环效应,其独进是因为社会的其他领域都是独进的。幸运的是,相比我曾任教的所有其他院校,艺术学院要共进得多,因为学校信任老师,给我自主权,而且我感觉自己得到的是自由的责任,而不是压迫的问责。这就不断鼓舞我摆脱独进教学的旧模式。我一直在研究共进的方法来教数学,把我的课堂变成一个共进社会的小小乌托邦。

与 20 年前刚在剑桥大学任教时相比,我的教学风格已经不可同日而语。那时的我不会过分独进,但我却在融入一个极端独进的环境,我的教学方式也非常传统,与其他人没什么两样:站在讲台前,在黑板上没完没了地写重点。学生们(大多是男生)疯狂地记笔记,记完后拼命理解,然后在期末吃力地做试题。

现在,我的做法几乎完全相反。有了非性别化的术语,我就有了改变教学的底气，因为如果没有这些术语，我可能还会纠结于我教的数学会不会"更受女生欢迎"这样的问题，这听起来（实际上也是）很傻。诚然，有大量研究和文献论述过数学教学的各种方法，而我也没说自己的方法是新的。其实，我的方法大多来自我一生中遇到的那些最好的老师，有的是在当学生时，有的是在会议上。我想强调的是，这套新术语，对我的帮助太大了！有了它，我就能够统一自己以及学生头脑中存在的这些不同概念，让我能时时刻刻问自己："怎样做才能更共进？"当我自认为做得不是最好时，我能常常认识到自己无意中有点过于独进了。我能看出学生是不是有点独进，然后认识到自己需要做的是抑制他们的行为，鼓励他们向共进靠拢，结果是，大家都学到了更多，包括更了解自己。很多教育工作者都力争让课堂更共进，无论他们有没有用这套术语。然而，很多课堂都不是很共进，尤其是大学课堂，特别是数学课，因为人们的基本假设是数学是独进的。

我将介绍我是怎样改用共进法教数学的，同时根据个人观点，谈谈"数学天生就独进"的想法有哪些误导性。然后，我将探讨这种赞赏独进的原则不仅在数学中存在，而且普遍存在于整个教育体系中,甚至超越教育而影响到社会整体。可以说,教育是这些独进问题的最大根源。但这不外乎又是一个循环:教育之所以独进,是因为社会是独进的;社会之所以独进,是因为我们受的教育就是让人人都独进。

在《没有竞争》(*No Contest*)中,阿尔菲·科恩(Alfie Kohn)认为竞争来自资源稀缺的情形。但是,教育是一种永不稀缺的资源,因为一个人拥有了知识和智慧,并不会让其他人没有知识和智慧。如果受过教育的人不多,则教育可能会稀缺,尤其是特别专业的知识,但教育的全部意义应该是向下一代传授知识和智慧,确保其世世代代发扬光大。所以,我们把教育变成竞技场,往最坏说是自相矛盾的,往最好说是一个需要我们认识到并加以质疑的选择。独进行为更多是竞争,但我们也可以此为切入口,思考根植于体制中的各种假设。

不加质疑的假设会阻止我们思考不同的观点。数学中有一个典型的俏皮话,叫"一加一**真的**等于二"。然而,这也不全对,一加一有时候等于零。比如你说"我不是不饿",此时你的意思是说你饿了,因为一个"否定"加一个"否定"等于零个否定。还有，如果你把某个东西旋转180度，然后再旋转180度，结果就像一次都没有旋转过一样。

还有一些情形是一加一可以等于一的，比如你把一堆沙子加到另一堆沙子上，你还是只有一堆沙子，只不过沙堆变大了而已。如果你把一种颜色与另一种颜色混合在一起，得到的还是一种颜色。

如果我们过于关注所谓基本算术的"绝对真理"，就有可能陷入一种思维定式，认为不仅把东西加在一起会增加其数量，而且反之亦然：东西越用越少，越分享越少。对于金钱、食物和时间，这样说的确有理；但也有其他类型的"资源"是不会因为使用而枯竭的。知识就是这样一种非损耗性资源，还有智慧、好奇心、灵活性、爱、快乐。这些东西不仅不会因为使用而枯竭，因为分享而变少，甚至可能会因为不用而枯竭，因为分享而增多。如果你学了某样东西，但长时间不用，就很可能忘记它；你每用一次，这种技能就会强化一点，而强化知识、深化理解的最好方法之一就是传授知识。在健康的环境下付出爱，能增强爱并产生更多的爱。

5 结构与社会

教育是研究竞争和普遍性的独进问题的好地方，因为教育可以从很多层面来研究，从整个教育体制的大层面，到具体学校和教室、班级、活动和方法等细化层面。每间教室都是一个微缩版社会，教师可以非常快速而有效地影响这些微缩版社会，即便他们不能影响整个学校或教育体制。这也是一种相当普遍的经历，因为我们都受过一定程度的教育。利用新的非性别化术语，我们能更好地理解这种经历。

这套术语之所以能帮助我，其一是因为我在每门课程开课时，都会与学生讨论独进和共进理论，同时阐明我赞赏共进行为。在课堂上，共进就是协作、为集体出力、学习的深度重于学习的速度、好奇心重于知识。我的艺术系学生基本上都乐此不疲，而且很快就心悦诚服。

我还尽量让课堂没有师生等级之分。上课不是我对学生施威，而是传授数学的过程。重要的是，我不是以权威的姿态向学生传授知识，而是向学生展示数学的过程有哪些，因为真正决定数学真理和价值的不是我的权威，而是这些过程。

数学家兼教育家孔大卫（David Kung，音译）教授曾做过一次引人深思的 TEDx 演讲[1]。他指出,如果我们教导学生将知识与权威挂钩,而不是与过程挂钩,那么他们成年后就会继续这么做,就会见谁有权威就相信谁,而不是以逻辑、证据和理由等重要过程为依据。本质上,这就是独进式的知识传授法,而不是共进式的。牢记二者之间的区别,能够指导我们如何设置课堂内外的结构模式。

为了摆脱等级化结构,我一改课桌椅成排摆放、"讲师"站在最前面的传统布局,而将课堂摆成 U 形。我还尽量减少站在前面做传统讲课的时间,尽量多做探索和研究。我培养、鼓励并奖励好奇心、发散思维、协作等共进行为,不提倡炫耀、装腔作势和贬低他人等独进行为。这样一来,共进的学生无需效仿独进行为也能充分发挥自己的潜能。

遗憾的是,很多传统课堂(尤其是大学课堂)都是独进的,所有的学生(以及教师)都在拼命展示自己有多么鹤立鸡群,而且往往是通过让别人显得很蠢来达到目的。男生常常这样对女生,男人常常这样对女人,但也有例外;

---

[1] David Kung, "Math for Informed Citizens", TEDxGreatMills, 1 August 2019.

总之是独进的人这样对待共进的人。反观共进型课堂，那里没有人会想出风头，但每个人都努力让集体取得进步，学到更多的东西。

我给学生布置作业，让他们探索和研究课题，答案没有对错，只有"低下限和高上限"，也就是入门门槛低，从中学到的东西不设限。我让他们忘掉竞争，相互协作，目的是让全班同学都能在教师的引导下，为集体探索过程出一分力。

这种模式还有可能被推广到共进型外展活动。人们认为，让数学成为竞赛或比赛会让它更"有趣"，但有趣的前提是你能享受竞争和比赛，而共进型的人（包括我）可能会被吓跑。然而，我喜欢手工制作，而且一直是喜欢数学类手工活胜过数学比赛。我喜欢数学博览会，那里有各种各样的数学活动，孩子们可以漫无目的地在每张桌子旁多少花上点时间。我很幸运，年少的时候没有人逼我参加任何数学竞赛，因为如果那样，我可能会心生厌倦，可能会断定自己生来就不是研究数学的料。我担心其他共进型的人也有同样的经历，这样会导致我们将共进型的人拒于数学甚至科学的大门之外。利用这套术语，我们可以更清晰地思考如何设计出更共进的活动，让更共进的人也参与进来，而不是诉诸"受女生欢迎的活动"这样的蠢办法。它还能帮助解释为什么女生在奥数队伍中如此稀少，如第三章所述。如果仅仅因为是女生就对奥数望而却步，那是另一件要解决的事情。但是，如果是共进的人对此望而却步，那么我更愿意通过建构和推崇更加共进的数学活动来解决问题。

重要的是，这类活动鼓励的是学习深度而不是速度。数学包含深刻的思想，使用的是逻辑过程，二者的运作都是循序渐进的。数学的重点在于过程，如果我们独进地专注于快速得到结果，那么就会失去重点。有人迷信数学就是求解正确答案，这种视角就非常独进。一种更共进的视角（也是高等数学中更为普遍的视角）是：数学就是探讨如何构建严密的论证来证明某件事情就是答案。共进的视角认为，学习这门专业要比学习答案更重要，而且这也是一项转化性更强的技能。诋毁数学的人会抱怨日常生活中根本用不到学校所教的数学，如果将所有的注意力都集中在有关三角形和一元二次方程之类的具体答案上，这样说也不无道理。遗憾的是，学校所教的数学很大程度上展示的都是独进的一面，即得到正确答案，遵循强加的规则，掌握一大堆必须了解的东西，还要解题。如果数学变得共进了，即构建论证，发现不同事物之间的关系，了解不同事物在哪种情形下可以成立，那么数学就能更加贴近日常生活，也更能体现数学的真实能力。

有些更为独进的人在传统的数学环境下也过得去。我怀疑共进的人是因为学校数学太过独进才会望而却步：一是传统模式下的教师在进行数学教学时仅呈现了独进的一面，一是呈现的方式太过独进。另外，如果逼着男生比女生更独进，那么大学数学专业的男生多于女生就不足为奇了；反之，艺术在很多方面明显更加共进，那么艺校的女生多于男生也就不足为奇了。当然，这还不包括与性别直接有关的偏见，如性别歧视、对不同性别的不平等的期望，传统的束缚，还有缺乏榜样，等等。

我觉得，创造更加共进的数学环境并不单纯是为了迎合共进的人，更是因为共进具有价值才应该培养共进的行为。我认为这在生活中是宝贵的，尤其对所有层次的数学和科学而言。芬兰就是一个很好的例子。

芬兰的共进教育

在新一轮大规模全球中学生评估中，芬兰如一匹黑马拔得头筹，让包括芬兰人在内的所有人惊掉下巴，这使芬兰的教育体制在国际上崭露头角。全球的目光一致投向芬兰，想看看他们在闷声不响地做什么。

更多惊奇接踵而至。原来，芬兰的教育体制本质上就是共进的，注重协作、合作和学生幸福感，弘扬公平而非卓越，重视教师及其自主权。家庭作业极少，课时短，课间休息多，假日也比其他国家长。

这与之前备受推崇的东亚模式大相径庭。所谓东亚模式，就是从小学开始不断操练，承受学业压力，还有做不完的家庭作业。有关芬兰的教育模式，我们可以参阅芬兰教育部国际流动中心主任帕西·萨尔伯格（Pasi Sahlberg）所著的《芬兰经验：世界能从芬兰的教育变革中学到什么？》（*Finnish Lessons: What Can the World Learn from Educational Change in Finland?*）作者阐述的重点之一，是没有什么标准化考试；注重合作而不是竞争；免费校餐、医疗保健和咨询；满7岁再上学；学校生活普遍轻松无拘束;芬兰没有私立学校(收费学校非法)。

所有一切的关键在于教师的遴选和监督机制。广义而言,教师是个好职业,芬兰教师的地位"等同于医生和律师"[1]。但更重要的是,教师拥有职业自主权,课程的设置只是粗线条的大致框架,对于需要额外帮助的学生还提供大量支持。教师也因此成为炙手可热的职业,很多人都积极争取入行。国家精心挑选教师人选,同时开展大量培训(国家承担费用)。一旦入职,教师便自行负责教学工作,不用担负问责的压力。萨尔伯格说:"芬兰语的词典里没有问责一词。问责是减去责任后剩下的东西。"

在以往,人们可能会说,这总体上不错,但学生恐怕学不到那么多东西。如今,芬兰在前三轮国际学生评测计划(PISA)中均名列全球前茅,有力驳斥了这种说法。评测计划的重点依次为阅读、数学、科学。

PISA是一套面向15岁学生的抽样测试系统,涉猎广泛,不仅测试学生的学习能力,而且还测试学习动机、学

---

[1] LynNell Hancock, "Why are Finland's schools successful?", *Smithsonian Magazine*, September 2011.

习态度和焦虑程度。在学习能力方面，芬兰在第一轮读写测试、第一轮数学测试和第一轮科学测试中均傲居第一。这个"第一"是根据哪个国家的学生在六个最低等级中占比最少评定的，但即使是转化成哪个国家在最高等级的占比最大，芬兰的各项测评结果也只是在读写能力和科学上略低于新西兰，在数学上略低于韩国和中国香港。美国在各项测评中都远远落后于其他国家。与中国香港不同的是，芬兰是最强与最弱学生之间差异最小的国家之一（但平均水平仍然最高），也是家庭背景与最终学习能力相关性最小的国家之一（不像美国）。

很多人早已深受独进式教育风格的影响，他们否认芬兰的教育体制在其他国家也能行之有效，一口咬定这有点反常，说只有在芬兰这种又小又同质化的国家才行得通，或者是因为芬兰人有某种遗传基因，或者是因为天气太糟糕，除了在家做作业外没有别的事情可做。

但是，芬兰的小和同质化与美国的许多州没什么两样，而美国的教育在任何方面都是各个州独立行事的。此外，芬兰近年来也涌入了大量移民，部分地区的同质化程度要比其他地区低得多，但同质化差异似乎并没有明显影响教学成果。另外他们也没有家庭作业。

顺便提一下，萨尔伯格还指出，他们不那么在意能否在PISA测评中得第一，因为他们更在乎教育学生如何学习，而不是如何考试。他们提倡公平重于卓越，但有趣的是，他们的公平和卓越都超过了其他国家；反观那些专注卓越的国家，却既没有得到公平，也没有得到卓越。注重社会利益才能造就能力更强的人才。

芬兰的故事接下来不太美妙。在国际上一举成名之后，芬兰的PISA得分开始下滑，导致一些人幸灾乐祸地认为这一切不过是浮云或侥幸。（尽管2015年数学排名第12位，遥遥领先于美国的第40位。）萨尔伯格列举了一系列非常合理的原因，包括一种反馈回路：一个原本不以测试成功为目标的系统，一旦在某些测试中取得好成绩后，就开始刻意为之。萨尔伯格说国家失去了继续完善教育体制的动力，而其他国家则开始刻意追求提高PISA得分。尽管如此，萨尔伯格仍然坚持共进模式，认为最好的措施不是调整体制以追求更高的PISA得分，而是加强公平和平等（芬兰今年的成绩两方面都有所下滑）。他说："芬兰的思路是，要想解决成绩不理想，最好的方法不是抬高标准或增加教学时间（或家庭作业），而是让学校成为令所有人都感到有趣和愉快的场所。"[1]

与性别的关系

芬兰之所以仍然有别于几乎所有其他的国家，原因之一是性别平等。我猜想，其他国家的不少性别偏见问题都可以归咎于激进的教育体制，其设计模式在有意无意中助长了不平等。

多数国家男生的数学比女生强，女生的阅读能力比男生强。而根据各项测评指标，芬兰女生的数学和科学也比男生强。当然，如果深究一下具体的全球测评结果，我们又会发现一些有趣的小细节。[2] 科学专业能力分为不同的类别，对每个类别分别统计性别差异后，我们可以看到，总体上男生要比女生强，但并不是每个类别都比女生强。

---

[1] Joe Heim, "Finland's schools were once the envy of the world. Now, they're slipping", *Washington Post*, 8 December 2016.
[2] 参见 PISA 2015 Results, vol. I, OECD Library。

男生在内容知识上掌握更好,女生则在"流程和认识论知识"上表现更佳。男生更擅长"科学地解释现象",而女生则更长于"评估和设计科学探询",而且在"科学地阐释数据和证据"方面略强于男生。看起来,女生在更共进的科学领域做得更好。

事实上,也有数据显示学生在认识论信念上的性别差异。有一项调查问及学生对诸如"科学观点有时会发生转变"、"科学家有时会改变对科学真理的看法"以及"实验最好多做几次以确保成果正确无误"等说法的相信程度时,结果发现女生对上述各种说法的相信程度略高于男生。同样,我觉得这些都属于共进的科学领域,它们也许常常被大众及常规的科学呈现所忽视。

特别是最后一种说法,它似乎关系到自信的理念。如果你很自信,就不太可能检查你的答案乃至你的实验。PISA调研甚至还提供研究该问题的范围,因为除了评测学生的学习能力外,还包括有关学生态度的问题。对于"自我效能"的测评结果特别抢眼。[1]这本质上是一个自我信

---

1 参见报告第137页。

念的衡量指标，问的是学生认为自己做某些事情的难易程度。结果男生对自己的能力更有信心，这自然不会让人咋舌，也就很容易推论说越是自信，成就越大。但请记住，相关关系并不意味着因果关系。事实上可以想见，数学和科学更强的人自然是相信自己更强，而那些较弱的人也自然是相信自己较弱。而芬兰的情况却出乎意料，那里的男生比女生自信，但女生确实比男生做得更好。此外，尽管在国家内部，自我信念的确与专业能力略微相关，但不同国家之间横向比较则不然。据报道，一部分最自信的学生出自美国（该国学生的专业能力实际上并不那么出色），最不自信的学生出自中国香港，而中国香港学生的总体专业能力水平却要比美国学生高得多。

有三位学者对此展开了更为具体的调研，[1]专门使用了一些问题来测试数学上的"胡说八道"。他们巧施妙计，要学生对自己所知的 16 项数学概念打分。他们列举的 16 项概念中有 3 项是虚构的："真数""虚拟缩放""陈述

---

[1] J. Jerrim, P. Parker and N. Shure, Bullshitters. "Who are they and what do we know about their lives?", *IZA Discussion Papers* 12282, 2019.

性分数"（该题仅针对英语国家的学生）。这样一来，凡是回答说非常熟悉这些知识的人，都被视为"胡说八道"。结果发现，男生比女生更能胡说八道，这一点同样不足为奇，但有趣的是，北美的性别差异要小得多。很显然，美国和加拿大女生学到的胡说八道不亚于她们的男同学，而欧洲只有男生学到的胡说八道和美国学生一样多。

当然，这些性别差异中有一部分的确是因为社会对待男女的态度不同。如果经常对男性说他们了不起，那么毫不意外他们自己也会相信自己了不起；而如果社会，尤其是男性，经常贬低女性，那么毫不意外，女性也不会相信自己。但是，如果我们使用非性别化语言，就能明白我们实际上想要鼓励和培养什么样的人才，而这又会明显影响我们对教育的认识，无论是广义的教育系统层面，还是具体的学校和课堂层面。此时，我们就能提出更细化的问题，找出哪些特征是有利于社会的。

基于不同的具体情境，自信既可能对学生有益，又可能对学生有害，因为它可能起到相反的作用。自信能帮助学生迎难而上，这一点非常重要；但也可能让学生过高估计自己的能力，使他们不屑于努力学习或寻求帮助。自信可以让人匆忙下结论，不检查自己的推理过程。在日常生活中，这就意味着人们不检查事实；在科学研究中，这就意味着人们不检查自己的数据或自己的方法；在数学中，这就意味着人们不检查自己的论证。这种情况发生在数学教育的各个阶段，从学生不检查对错就匆匆完成作业导致错题不断，到研究工作者写下"明显"正确的东西而其他人都看不懂到底是什么。

那么，自信到哪种程度算是好的，到哪种程度又会适得其反呢？如果我们研究一下成功的数学家和科学家，就会发现有各种各样的可能性。

自信的榜样

《知无涯者》（*The Man Who Knew Infinity*）是根据罗伯特·卡尼格尔（Robert Kanigel）同名小说改编的电影，讲述的是印度杰出数学家斯里尼瓦萨·拉马努扬（Srinivasa Ramanujan）的生平事迹。影片的上映让拉马努扬名扬天下。拉马努扬在（独进的）高中考试不及格，好几次未过大学入学门槛,但他坚持自行研究,最终被举世公认为有史以来最伟大的数学家之一,尽管按照欧洲学术界的僵化标准,他的研究模式是不合常规的。他的成名是由于剑桥数学家哈代(G. H. Hardy)愿意认可拉马努扬的研究成果,这一认可是根据研究成果自身的价值,而不是等级和学位等外部(独进的)指标。

拉马努扬之所以能在屡遭外部挫折后坚持下来,是因为他身上有一股冲劲,一种巨大的自我信念,坚信自己不平凡,只是没有得到世界的认可。我还认识其他(远不如他出色的)数学家,他们曾经也在学科考试、研究生报考、求职方面屡遭失败,而他们无一例外都是男性。以我帮助学生的经验来看,女性更容易在挫败一次后就自暴自弃。当然,如果她们周围的男性直言不讳地说她们不够好(即使她们很好),那就更糟了。当然,不仅女性如此,所有共进的人都是如此。

结论再明白不过:自我信念和自我信心是数学家的宝贵财富。但是,像往常一样,还有一些细微差异在起作用。这个世界上有很多人真的一点也不出色,却仍然执拗地相信自己很出色,只是还没有得到世界公正的认可。这类人会向知名物理学家和数学家的邮箱狂轰滥炸，个个自诩为解决了一切问题的绝世天才，尽管他们没有工作，没有研究记录，可能也没有取得该课题的学位或接受过相应培训。这是自信和抗挫折能力的极端表现，是过度独进。在我收到的此类邮件中，只有一封是来自女性，其余所有的邮件都是男性写来的。物理学家约翰·贝兹（John Baez）说他们都是"狂人"，还提出了"疯狂指数"来测评他们的离谱程度。这虽然只不过是戏谑之言，但还是有不少真实的成分。

在天平的另一端，也有一些共进的学生太清楚自身的弱点，只要拿不到第一，就可能会自暴自弃，觉得自己不够好。这类学生有的想象自己达不到上大学的水平，有的想象自己达不到读博的水平，还有的想象自己达不到从事数学工作的水平。

我要是没有拿到第一志愿读博的名额，我会放弃读博的念头。我当时已经毅然决然要去另从他业了，因为考不上博就表明我能力不够。请注意，这不仅仅是自我怀疑综合征——对于女性和社会少数群体而言，这可能是因为他们终其一生都在被人怀疑，即使他们拥有成功的外部标志。[1]

人们可能会就此推论：我们应该让所有人都更加独进，这样才能坚持到底不放弃。但这样一来，又会导致更多**本该放弃**的人坚持不放弃，而且还可能让共进的人不自在，甚至被"要成功，须独进"的观点吓跑。还有一种可能的观点是，我们应该让人们更好地平衡独进与共进，这样他们才既不会轻易放弃，又不会罔顾现实坚持到底。

但我想要说的是，共进对**个人**有多种优势，如果我们的想法让他们减少了共进，他们就会失去这些优势。相反，独进的优势是可以采取结构性措施来取代的。这样一来，即便我们鼓励他们减少独进，他们也不会失去这些优势。我更愿意与低估和怀疑自身能力的人共事或做他们的老师，而不愿与高估自己的人共事或做他们的老师。

我更愿意构建共进的环境和结构来帮助共进的人健康成长，而不是一味让他们变得更独进。对于共进的学生，有一件事我们能做到，就是发现那些低估自己能力的学生，提供他们所需要的认可，使他们能够继续追求自己的目标。

---

[1] 感谢数学家 Marissa Kawehi Loving 博士让我注意到这一微妙之处。

如果他们的共进成为障碍，唯一的原因就是他们周围的人没有给予这样的支持。除此以外，有些人可能就是想（或希望能够）变得更独进。

通过这种方式，我们能够直接解决性别不平等问题，留心发现那些低估自身能力的女性，还有那些被同学或教授小看的女生，我很感激在此方面得到的支持。但这也不一定单纯与性别有关。我认为，只要培养得法，任何共进的人都有潜力成为更优秀的数学家、科学家和对社会有巨大贡献的人。事实上，很多杰出的科学家都谈到自己也有自我怀疑的时候。

共进让科学家更优秀

乔瑟林·贝尔·博内尔女爵士（Dame Jocelyn Bell Burnell）是一位天体物理学家，她的博士论文为她的导师（碰巧是男性）赢得了诺贝尔奖。她对此并不介怀，因为她深知导师通常会因为研究生在其指导下取得成果而获得荣誉，何况诺贝尔奖也不该颁给研究生。博内尔博士毕业后继续在天文学领域做出了杰出贡献，2018年荣获基础物理学特别突破奖，以表彰她"对脉冲星发现的基础性贡献，以及终其一生对科学研究的引领作用"。

她似乎"生怕不及格，所以很小心"。[1] 我对此的理解是：共进让科学家更严谨。每次提交论文发表前，我都担心审稿人会发现论文有问题，所以会更加严格地检查。每次发表演讲前，我都担心听众会提出疑问，所以会更充分地做准备，提前预测所有可能的问题。顺便提一下，特别突破奖的奖金是300万美元，远高于诺贝尔奖的奖金，而贝尔·博内尔却如数捐出，用于帮助女性、少数族裔及难民学生成为物理学研究工作者，[2] 这是极为共进的行为。

大额奖金是一种颇为独进的奖励方式，尤其是颁奖对象是个人而非集体的时候。诺贝尔奖得主文基·拉马克里希南爵士（Sir Venki Ramakrishnan）在回忆录《基因机器》（*The Gene Machine*）中指出，诺贝尔奖自我设限将得奖

---

[1] Sarah Kaplan and Antonia Noori Farzan, "She made the discovery, but a man got the Nobel. A half-century later, she's won a $3 million prize", *Washington Post*, 8 September 2018.

[2] Pallab Ghosh, "Bell Burnell: Physics star gives away k2. 3m prize", *BBC News*, 6 September 2018.

名额限制为 3 人，这样做很不合时宜。在科学研究的早期阶段，这样做也许情有可原，因为当时的合作研究不仅缓慢，而且烦琐，甚至由于远距离通信困难而无法开展。但是，随着现代全球通信越来越方便快捷，距离远近和规模大小不再是明显的限制因素，此时沿用 3 人名额限制就显得越来越不可理喻。2016 年的引力波探测项目中，有来自全球各地的 1000 多名科学家参与，但诺贝尔奖仅提名了 3 人：雷纳·魏斯（Rainer Weiss）、基普·索恩（Kip Thorne）和巴里·巴里什（Barry C. Barish）。2015 年的一篇有关希格斯玻色子的论文，其列出的作者多达 5154 名，论文的研究报告正文 9 页，而作者姓名和单位则长达 24 页。[1]

数学研究仍然可以单人进行，然而这方面的合作越来越多。菲尔兹奖得主陶哲轩（Terry Tao）说自己青年时期就是极为独进的数学家（虽然他没有用这个词），他争强

---

[1] G. Aad et al. (ATLAS Collaboration, CMS Collaboration), "Combined Measurement of the Higgs Boson Mass in pp Collisions at √S=7 and 8 TeV with the ATLAS and CMS Experiments," *Physical Review Letters* 114, 191803, 14 May 2015.

好胜，是个典型的"才俊"，一路绿灯完成了所有教育阶段的学业，在各类竞赛中都出类拔萃。但成年后，他变得极为重视合作，截至2019年，已经与100余人合写过论文。有一次，他创建了一项开放式在线协作活动，由于"不同专业的人才各尽其能完善研究"，所以其中一个课题取得了迅速进展。[1]这项活动的"导火索"是数学家张益唐（Yitang Zhang）取得的一项研究成果。张益唐的研究风格十分另类，他在当时几乎毫无名气，而且更符合孤独天才独自痴迷于研究的老套印象。据称张益唐曾说过这样的话："我选择走自己的路，但这只是我个人的路。"[2] 而陶哲轩则有点更坦率地主张年轻数学家不要走那条路。他还有一个共进的特点：他是一名多产且慷慨的博主，曾在一个帖子中说，孤独、痴迷之路是一种"极其危险的职业危害"[3]。他在另一个帖子中还建议质疑自己的研究成果，

---

[1] Erica Klarreich, "Together and alone, Closing the prime gap", *Quanta Magazine*, 19 November 2013.
[2] Ibid.
[3] Terry Tao, "Don't prematurely obsess on a single 'big problem', or 'big theory'", terrytao. wordpress. com.

尤其在研究困难课题的时候。[1]

这纯粹是猜测而已，但玛丽亚姆·米尔扎哈尼可能是另一个可用来举例的数学家。她也是年轻时求快好胜，成年后却变"慢"了，成为深钻苦研的杰出研究工作者。做研究所需要的技能不同于奥数之类的竞赛或考试。研究要的是合作，是参考所有的既有文献，做无人知晓做法的事情，而且通常一做就是数年。有很多伟大的研究者考试成绩并不好。我认为，专注于考试和竞赛是不顾重点，有时候其实有害无益。

数学上的竞争会阻碍数学的发展。17世纪末至18世纪初，牛顿与莱布尼茨的微积分之争就是一例。两个人的视角不同，为谁先谁后展开了激烈竞争。可以说，是牛顿固守个人权威，以及牛顿在英国至高无上的地位，让英国的数学发展停滞了100年，因为英国的数学家只能用牛顿的微分符号，而实际上莱布尼茨的微分符号却要好用得多。

如果我们忘掉竞争，转而汇聚知识、通力合作又会怎样？在数学研究的小的分支领域中，合作是更为普及的方

---

[1] Terry Tao, "Be sceptical of your own work", terrytao. wordpress. com.

式，能让不同的人在世界各地共同开展同一项研究。在通信如此便捷的今天，合作也变得尤为普遍。

在我所从事的范畴论领域，从未有哪位数学家会争抢着要在自己的研究课题上击败他人。如果有人已经在做某个课题了，我们更会把课题让给他们去做，以避免这种竞争。如果我们觉得自己能有帮助，也会主动与之合作。自从有了在线共享技术以来，物理学家和数学家都会在网上免费分享研究成果。我们早在同行评审前就预先在网上发布文章，这样能帮助我们收到大量反馈，反过来又帮助我们完善研究内容。这就是一种共进的研究模式。对成果严格保密，最后再来个惊天大爆雷，那属于独进行为。

很多共进的数学家几乎实时发帖记录课题进展，一边研究一边进行大范围分享，以便更多地获取全球各地的合作性数据。事实上，在当代一个有关范畴论的领域（同伦类型论）中，有一本书全篇都是利用在线技术合作完成的，感觉整个写作和传播的过程是深度共进的。其中一位作者（40多岁）安德烈·鲍尔（Andrej Bauer）在博客上写道："我们的团队弥漫着合作精神……简直太了不起了！我们没有各自为政。我们相互交谈，相互分享各自的想法，相互解释……结果大大提高了研究效率。我们积累了经验。"[1]

人们普遍认为分享是减法,这其实是一种独进的思路,导致的是竞争和个人主义。我在数学和科学领域(不仅是教育方面,还有研究方面)一直都在观察它,但它的作用范围远不止这些。社会上有很多其他结构的设置就像是被稀缺性所驱动的,而对于教育而言,真正的稀缺并不存在。我要说的是,这些结构是建立在独进更好的假设上,让我们以为只有独进地筛选才能选出"最优",而事实上,共进也许要好得多。

我认为,独进其实并不会更有利于社会,所以社会不偏重独进反而更好。如果想解决性别问题而不应对这个问题,这种解决也只会流于表面,就和增强多样性而不提高包容性是一个道理。

---

[1] Andrej Bauer. "The HoTT book", math. andrej. com, 20 June 2013.

独进的结构

社会在结构上偏重独进，表现在我们用来运行事物的系统，表现在我们用来筛选相应人才的指标。之所以如此，可能是因为个人有意识地偏重独进行为。

但就算没有这种偏重，也可能发生这种现象。我就发现自己曾经不经意间偏向了独进型结构，当时我在一次大会上做了有关独进和共进的演讲。会议室有好几百人，最后我宣布赠送40本预览版。人们一拥而上，都想抢到免费书，然后又纷纷露出尴尬的表情，因为他们意识到，挤在人前抢书是一种独进行为，而更加共进的人则等在后面。看到这一切，我多希望自己想到的是用共进的方式来分发这些书啊！我的想法是邀请大家来取书，然后那些真正需要的人获得了书。可因为我自己是相当共进的人，所以没有想到这么多人都想得到这本书。

无论如何，这件事让我注意到，生活中我们常常会奖励独进，即便是在无意中。而且，即使我们刻意为之，也可能并非在有意识的情况下。独进早已深深植根于我们的成长中、我们的教育中、我们的社会里，以至于我们可能天真地认为是在奖励"好"的东西,就像牛津剑桥考试中所青睐的"强有力"的论证,而没有停下来想一想,是不是还有一种共进版本的"好"被我们忽视了,而这种"好"可能比独进版本的"好"更好。有时候,我们可能根本就没有考虑过这种可能,比如"先到先得"原则。比如说:当人们举手提问时,为什么第一个举手的人就有权第一个提问?作为数学家,我们应该挑战表观上的基本原理,努力探求更加基本的原理。

独进行为利于己,共进行为利于人,这一事实多少已成定理。但是,与大多事情一样,其中还有很多细微差异。如果你承认社会是由不同个体组成的集合体,那么社会的特性大致上来源于两个方面:一是个人的特征,一是用于个体之间互动的结构。但个人的行为反过来又受到社会的影响。

也许存在一个互动循环如下所示。

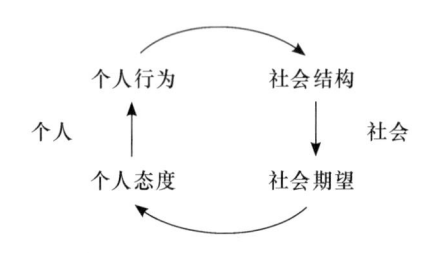

```
         个人行为 ——→ 社会结构
           ↑             ↓
个人                           社会
           ↑             ↓
         个人态度 ←—— 社会期望
```

5 结构与社会

如果我们承认社会影响个人，就会发现凡是有利于社会的，也有利于作为社会一员的个人。从这个意义上说，共进行为有利于社会，因此也有利于社会中的个人；而独进可以有利于社会中的个人，但未必有利于社会整体。反观现实，尽管共进行为更有利于社会，但我们的社会构造却是在奖励独进，这实在令人沮丧。

有一种独进的筛选机制在社会上十分常见，那就是竞争——有带奖金的显性竞争，也有诸如考试和竞选之类的竞争型结构。我们甚至利用竞争来开展共进的活动，如研究、教学、管理、音乐演奏。可以说，管理国家也应该属于共进的活动，但我们仍然使用独进的机制来选举。我将在最后一章阐述政治的独进性。

通过无所不在的竞争，我们施压于人，让他们感到要成功须竞争，不想竞争就躺平。如前文所述，这种压力从教育开始，一直延续到社会的各个领域。如此一来，也难怪人们动不动就要竞争了，但这并不表明竞争行为是与生俱来或"自然而然"的。接下来，我将用一种方式来审视我们围绕竞争的各种假设，这种方式也适用于任何类型的独进行为。我们将质疑竞争是不是与生俱来的，是怎样的循环结构导致我们偏重竞争，如果我们改变这些假设及延续竞争的结构又会带来哪些好处。

阿尔菲·科恩在《没有竞争》一书中全面回顾了大量有关竞争的研究成果。他揭穿了很多荒诞的断言，包括竞争性行为是与生俱来的，女性天生就不如男性有竞争力，竞争甚至有利于一切，等等。

如往常一样，研究先天性的方法之一是观察儿童的行为。我侄子 5 岁左右时，曾以孩子特有的认真问道："他们干吗要发起世界大战？为什么不开个世界大会把问题搞定呢？"很显然，有这种疑问的人不在少数。阿尔菲·科恩描述了儿童喜欢合作性游戏而反感竞争性游戏的多种表现。如果儿童从小就受竞争性游戏的熏陶，他们就会学着变得越来越争强好胜。但科恩发现，没有研究表明孩子们一旦体验过合作后还会偏好竞争。偏好与先天并不相同，但如果孩子们偏好合作，那么，人"天性"好斗的说法就值得怀疑了。

当然，孩子们身边的竞争性游戏无处不在。很多文化，尤其是美国文化，大举鼓励孩子们参加竞技性体育，而对于合作性的音乐、戏剧和其他创造性艺术则没那么（大力度的）鼓励。其中一个理由是：竞技性体育可以挣钱支付大学学费（至少在美国是这样），但这里的问题是：为什么竞技性体育运动就可以支付大学学费，音乐或戏剧就不能呢？

请注意，音乐生学音乐也有奖学金，但体育奖学金的不同在于，你可以申请体育奖学金来支付其他专业的学费。为什么你不能用音乐奖学金来支付数学学位的费用呢？

我们可以实事求是地回答，这是因为体育运动挣的钱比音乐和戏剧多得多，所以大学挣的钱也多得多，进而可以向学生支付更多的钱，何况大学这样做的目的是吸引最优秀的体育人才，以免落入其他院校的手中。

让我们继续质疑这种机制，试着再往前一步，回到最根本的问题：为什么体育比音乐和戏剧挣钱多得多呢？因为喜爱观看体育比赛的观众占大多数，他们要么付费直接在现场观看，要么贡献巨大的线上观看量，从而产生大笔的广告收入。为什么人们喜欢体育运动呢？这又要绕个大圈子，回到让他们从小就受此熏陶和鼓励的环境上。

一旦我们发现自己陷入循环，我们就可以问问自己这是不是良性循环。如果这个循环毫无来由，就可以考虑打破它。在最后一章中,我们将再次讨论用哪些方法可以改变结构,使之变得更共进。在上述例子中,就意味着设立结构,化解竞技性体育支付大学学费的吸引力。要想解决这个问题,最显而易见的共进型结构就是降低学费,甚至提供免费的公共教育。欧洲的体育奖学金没有产生偏重效应,可能正是因为大学教育往往是国家出资吧!瞧,我们兜了一圈,又回到了教育上。

人造的稀缺

前面说到,阿尔菲·科恩认为竞争是资源稀缺的反映。这么说的意思是,竞争是一种"自然的"行为,因为"自然界"资源稀缺,不争抢就得不到。问题是,拿教育来说,在当今生活的方方面面,并没有任何会枯竭的资源在起作用,这无非是编造出稀缺性来营造人为的竞争。究其原因,不仅是因为我们相信竞争是好事,还因为我们相信人们就是乐于竞争的。

于是,人们通过人为制造稀缺,把事物变成竞争。孩子们被安排参加音乐比赛，为的是得到名次，尽管演奏好音乐并不属于有限资源。孩子们被安排参加数学竞赛、拼写竞赛、常识竞赛。说是竞赛能增加"趣味"，但这种趣味只是针对喜欢竞争的孩子，而不喜欢竞争的人多的是，包括我。有一个活生生的例子是儿童游戏"抢椅子"。游戏一开始就故意少一把椅子，让孩子们抢座。每一轮都会淘汰一个"输家"，同时再撤走一把椅子，由此人为制造稀缺，用于下一轮抢座。在成人生活中，各种唱歌、跳舞、烘焙或生存类电视节目里，每周都有一个人被踢出局，直到剩下最后一名获胜者。这是一种人为的稀缺，因为"获胜"并不是真稀缺。之所以只有一个人赢，唯一的原因是有人决定只要一个人赢。大多数奖项的稀缺都是人为的，少数是例外，比如为特定建筑项目挑选建筑师等等。

2019年的布克奖同时颁给了玛格丽特·阿特伍德（Margaret Atwood）和贝尔纳丁·埃瓦里斯托（Bernardine Evaristo）两个人，一时舆论哗然。很多人都为此愤愤不平，有的说这"有违先例"，有的说"挑不出一名得主就说明评奖失败"。败在哪里呢？好吧，败在挑不出一名得主上，但是，除了旧例规定如此，只挑一名得主还有什么别的意义？而旧例又是哪里来的？夏洛特·希金斯（Charlotte Higgins）在《卫报》上发文写道："每个人都认同竞争是艺术的敌人，而整体上又不谋而合地认为竞争不是艺术的敌人。"[1] 她列举了近年来几位大奖得主与提名者分享奖金的例子，有艺术家海伦·马腾（Helen Marten）（特纳奖），还有作家奥利维亚·莱恩（Olivia Laing）（詹姆斯·泰特·布莱克奖）。事实上，2019年特纳奖四位入围的艺术家早在颁奖前就申请分享大奖，并得到评委会同意。这与性别有什么关系呢？之前的两名共享奖项的获奖者是女性，这是不是颇具况味？无论怎么说，我都觉得这种做法很共进，而希金斯在文末也预测，未来会有更多的艺术家和作家采取这种共进的方式来处理奖金，同时建议大奖本身也应该自主选择，要么顺应这种共进潮流，要么失去文化主导地位。她没有使用"共进"一词，但就事论事的确如此。如果我说这么做很有女性气质，对有此倾向的男性又有失公平。

---

[1] Charlotte Higgins, "The Booker prize judges have exposed the doublethink behind our arts awards", *Guardian*, 15 October 2019.

5 结构与社会

不要再说什么竞争是社会的必然产物了！不要再说什么竞争性行为真的值得赞赏了！如果我们看到成功的人多半好胜，不好胜的人多半不那么得志，就可能会推断竞争性行为实际上有利于成功。然而，成功的根本因素有多种，这不过是其中之一而已。如果我们仔细想想其根源性问题，就会发现这些因素。在上述例子中，社会的构造模式就是要奖励竞争性行为，因此也注定了竞争性行为能得到更大的成功。

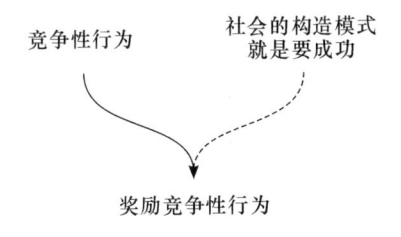

```
竞争性行为        社会的构造模式
                  就是要成功
         ↘       ↙
      奖励竞争性行为
```

像这样奖励竞争性行为公不公平呢？质疑竞争有利的观点倒是富有启示。竞争的危害有多种，而其他不同的动机也有多种实现可能。因此，凡是我们认为是通过竞争实现的目标，其实都能通过一些更共进的方式来实现。发现这些共进的方式，既能避免竞争造成的伤害，又能吸纳共进的人，可谓一举两得。接下来，我们还要看看共进的方法能发挥哪些积极的优势。

人们可能会忍不住列出一大堆的发现和成就，说它们都是激烈竞争的产物，包括科学研究、太空竞赛、攀登珠峰、到达南极，如此种种。但这类讨论应该考虑事物的相辅相成，掂量一下竞争和合作可能是一起在促进进步，或是一起在阻挡进步，而不是简单地列出哪些事情是通过竞争实现的。这些事情没有竞争能不能实现呢？如我前文所述，我的研究领域范畴学不需要人们彼此争抢课题。很多科学发现都是通过合作完成的，而不是通过团队争当第一完成的。比如前几天首次拍到的黑洞影像，这自然少不了全球各地的科学家和望远镜的参与。随着黑洞在一台望远镜的视野中消失，其他望远镜又开始捕捉，然后再由超级计算机将不同图像"拼接"起来。这种望远镜组网被称为"视界望远镜"，是天文学家谢普·多勒曼（Shep Doeleman）首创。自从最早的图片制作完成后，又有更多的望远镜加入进来。

所以，竞争并不总是科学成就的必要条件，而且竞争还可能带来负面效应。一项元分析结果[1]显示，有近2%的科研工作者承认自己"至少编造、伪造或修改过一次数据"，近34%承认有过"其他有欺骗嫌疑的研究行为"。我们应该想想，他们发表论文是不是迫于竞争压力，而竞争又是因为科研工作者和科研机构是按已发表论文的数量独进地加以评估的。

当高等院校在学费导向型市场角逐时，它们未必会提高教育质量，而多半会加大设施投资和加剧分数贬值（除非你认为设施和分数等同于教育质量）。学生之间争夺名额可能会促进一部分学生更加努力，但也会让一部分家长利用越来越不正当的手段为子女争取"名牌"大学的入场券。

还有一个问题：竞争究竟会不会刺激人们做得更好？过于激烈的竞争驱使人作弊、蓄意妨碍他人，或让人自暴自弃。他们可能因为自己根本赢不了而放弃（就像我的体育），也可能在竞赛结束后放弃，因为他们没有形成对那

---

[1] D. Fanelli, "How many scientists fabricate and falsify research? A systematic review and meta-analysis of survey data", *PLOS One*, vol. 4, no. 5 (2009), e5738.

项活动的内在动力，有的只是获胜的外在动机。

我个人就是这样一个例子，竞赛比不过别人，合作却样样出彩。我相信，有很多医生和护士都是以治病救人为动力，而不是以争夺奖项或收入为动机的。我相信，有很多消防员都是以拯救生命为动力，而不是为了勇夺救人数量第一。教师呢？他们的动机是教育年轻人。音乐家呢？他们不断努力以做得更好，即使他们没有与任何人竞争。这些领域都有男有女，但研究表明男性比女性更有竞争力。比如说，根据《经济学季刊》上的一篇研究成果[1]，有73%的男性受访者选的是竞争性激励机制，而女性只有35%做此选择。有时候，人们利用男性比女性更有竞争力来论证男性在某些行业占主导或占据权力地位是合理的，但这种论点根本站不住脚。

---

1 M. Niederle and L. Vesterlund, "Do women shy away from competition? Do men compete too much?", *Quarterly Journal of Economics*, vol. 122, no. 3 (2007), pp1067-1101.

竞争与性别

我在第二章介绍的弱论证框架中，存在着一种弱论证。如果我们沿着性别化思路走下去，这个弱论证的样子大致如下。

1. 据观察，男性比女性更有竞争力。
2. 有竞争力更利于成功。
3. 所以男性比女性更成功。

此时，我们就可能陷入这种二元逻辑的陷阱，如第三章所述。

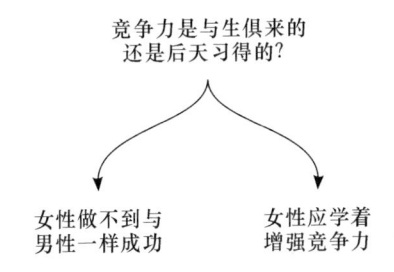

```
        竞争力是与生俱来的
         还是后天习得的?
         ↙           ↘
   女性做不到与      女性应学着
   男性一样成功      增强竞争力
```

在这个论证中，"竞争力"广义上可以被称为"独进性"。一旦我们认识到，独进很大程度上更利于成功是**因为社会就是独进的**，就不会落入先天/习得的二元逻辑，而是更清晰地看透这种话术。社会偏重独进，所以独进貌似是成功的必要条件。男性在当下更为独进，所以他们更成功。女性在当下更为共进，所以被排斥在成功之外。还有，共进行为更利于大家，所以排斥共进的人对大家都没有好处。

偏重女性能解决一些问题，但会让我们深陷在性别维度。如果从有利于大家的角度来偏重共进行为，就能把我们从性别维度的陷阱中解救出来。顺便提一下，我也承认这是积极的女性主义，因为这是在抗击偏重男性的现状，而且还能减轻分裂性，因为我们针对的不是男性。事实上，男性也可以通过变得更共进，在新的结构中获得成功。难题在于,社会和个人都在固守现状,怎样才能实现改变呢？

固守现状

我们已经看到，不同于某些普遍的假设，独进可能并无益处。那么，为什么要固守现状呢？如果我们固守现状，就是在帮助维持权力结构的现状。我们可能会说，如果我们不是当权的人，我们也无法尝试改变制度；如果当权的人不想改变制度，那也永远改变不了。

然而，如果我们相信自己改变不了任何事情，那我们真的改变不了。我们应该扪心自问：说自己无能为力的时候，是不是在为惰性找借口？

普遍的惰性会以各种方式阻碍社会进步。因循守旧往往比改革创新容易得多，尤其是在改革前景不甚明了的时候。你可能不相信一切都能改变，你可能不相信改变会带来改善，就像有些女性因为男性掌权而获益，所以根本不想推翻男性的统治。如此，似乎就轮到当前体制下最弱势的人来全盘承担改革大任了，因为他们能丧失的东西最少。可惜他们的权力也最小，根本改变不了什么。

这里还有一个症结：要敢于变革，可能还需要一定的独进性。如果只是共进的人想要变革，那么我们就陷入了困境。独进的人是直接获益于独进体制的人，他们当然要拼命维持现状。我相信，这种体制目前在很大程度上有利于男性，还有那些成功效仿男人的女性。再一次，我在这里所指的并不是所有男性，也不是所有女性。所以，从独进和共进行为的视角思考，能帮助我们更清晰地了解现状是怎样的，又如何改变现状，而不是反过来将男性排斥在外。

我要说的是，这种变革是可能的。实现变革后，几乎所有的人——事实上是除了那些手握绝对权力者以外的所有人——都会过得更好。变革是不再以固定身份为标准，而是根据性格特质来分配权力。所以我相信，这不仅会让女性强大，也会让任何其他少数群体和边缘群体强大。

重要的是，我相信我们能够共进地实现这一变革。作为第一步，我们可以切断社会独进与我们个人独进行为之间的结扣，打破这个循环。我们可以找到共进的方法，即使在独进的社会也能有效运转。这也是下一章的主题。

6 挺身而出

6 挺身而出

我最终意识到自己不喜欢标准的独进型学术环境，不喜欢自己的性格受它的左右，也不喜欢它对学生产生的影响。所以我离开了常规的学术事业路径，转而为自己创建了一条新的共进型事业，尽力让更多的人分享对数学的热爱，让更多的人走进数学，排除数学世界周围的障碍和壁垒。我摈弃了排他、评价、竞争和"出色"等独进原则，那都是我深恶痛绝的。在共进的新事业中，与我共事的女性远远高于以往的比例。与研究院相比，数学领域从事外展和包容性工作的女性似乎要多得多。当然，他们并不都是女性，但大多是共进的人；让我得以认识并关注这些原则的共进的人，两种性别都有。不少人都是研究院的教授，他们代表自己的学生及大众单枪匹马作战，与独进的环境作战。

也许，如果我现在再回到独进的学术环境中，有了对共进行为的理解，我就能想出办法应对，而不至于变得与环境一样独进。甚至，也许现在我还能想出办法来改变环境，让它也变得更共进。正如露丝·惠普曼（Ruth Whippman）呼吁的那样："不要再挺身而进了。让我们对男人们说：挺身而出吧！"[1]然而，这同样不仅仅是男性的问题，有时候反而是女性太过独进了，尤其是在学术界这样的领域里，她们觉得只有效仿独进行为才能成功，而且这么做了还会扬扬得意，一旦听到还可另行他路就一脸不屑。但我希望所有人，无论是不是男性，都能变得更共进。我相信，即便是在既有的独进型权力结构中，在我们的变革尚未成功的时候，我们也能做到。

在我们既有的权力结构的核心，是一种基于假设的系统，它支撑着结构稳定运行，同时保证权力的天平不会向共进的人倾斜。如前文所述，还有一种直接的偏见，是将女性和少数族裔排除在权力之外。但我认为，应该换一个

---

[1] Ruth Whippman, "Enough leaning in. Let's tell men to lean out", *New York Times,* 10 October 2019.

维度思考这些问题,确保两方面都得到解决。

我所讨论的假设是:某些行为对成功很重要,而实现这些行为的最佳方式是某种独进的东西,比如自信、冒险、坚忍不拔。这种假设体系如下图,其中 Y 表示上述任何一种特质。

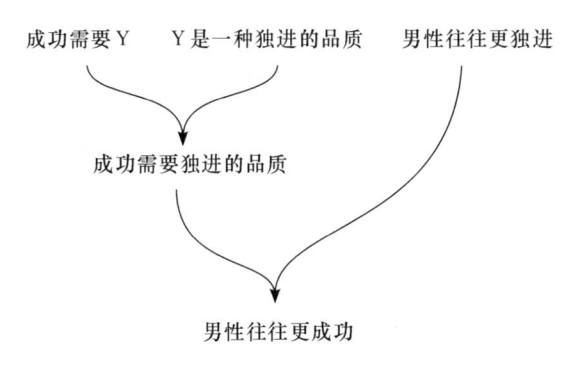

```
成功需要 Y     Y 是一种独进的品质     男性往往更独进
                      ↓
            成功需要独进的品质
                      ↓
              男性往往更成功
```

图的上方为导致结果的三个基本因素,右边为性别化思维,其本质上就是"挺身而进"背后的观念,即女性必须变得更独进才能获得成功。然而,如果我们转而考虑中间和左边的因素,就会摆脱直接联想性别差异的窠臼。我们可能仍然会陷入独进假设的陷阱,但还是有机会摆脱它。我将质疑中间的因素,论证我们能够找到共进的方法来实现自信等看起来独进的东西,而且其共进的版本如此不同,连名字都要改一改了。另外,我还会论述左边的因素,讲一些截然不同但更共进的特质如何更有利于社会,即便这个社会很大程度上是独进的。我就是这样摆脱了自己学到的独进行为,创建了一个更符合自己真性情的共进型事业。我认识的很多女性与我有共同的价值观,她们因为社会需要独进而被排除在外。我相信这些想法会帮助她们既坚守本心,又能参与变革。但是,借助于我们非性别化的新术语,我们看到它帮助的不仅仅是女性。我已决定为那些不想效仿独进行为的共进的人大声疾呼。我觉得他们在社会上迷失了方向。因为有了多种不同类型的对立特征,就很容易说我们需要在它们之间加以平衡,而更好的方法是保持独进与共进特质的平衡,鼓励共进的人向独进靠拢,独进的人向共进靠拢,这对不对?

我觉得,问哪个"更好"会造成不必要的分裂,而更有效的方法是考虑不同的情形,想想每种类型的行为分别有哪些益处。在我看来,独进行为很少有真正重要的时候;就算真的很重要,也伴随着各种弊病。它的好处也可以通过共进的方式实现,而且还不会伴随负面效应。

总而言之，如果你像我一样不喜欢做独进的人，或者感觉自己做不到，那就无需为此烦恼。我要是高一点可能会更好，但也不要太高。个子矮有很多不便，但也有少数例外，比如可以蜷缩在飞机座位上，或者在沙发上小憩。然而，说长高点就好，有点无厘头，因为我长不高了。更有效的方法是减少矮小带来的不便，比如在厨房里放一个图书馆式的滚动梯凳，这样就够得到上面的搁架了。

所以，如果我们觉得自己做不到独进或不想变得更独进，那么更有效的方法是想出共进的方法来与世界共处。上一章阐述社会的结构是怎样向独进偏斜的，这种偏斜又如何养成了人们的独进性，人们的独进性又如何反过来加剧社会的独进性。现在，我们将讨论个人如何在独进的社会也能做到共进，小规模的共进式互动又是如何一点点使社会变得更共进的。

关于个体与结构之间的相互作用的研究在数学中比比皆是，只不过数学中的"个体"指的是物而不是人。我们整体研究大结构，再放大到细部，研究组成大结构的小部件。我们研究小碎片如何通过不同的组合拼接成不同的大结构，同时也研究如何利用不同的小碎片构建出相同的大结构。

地图就是一例。我们可以把地球上的单个城镇等小区域绘制成平面图,但如果我们将这些平面图拼接起来,就需要加入某种曲率,才能得到完整的地球。如果我们的拼接太简单,那我们绘出的就是一个扁平的地球,这显然不对,虽然少数自以为是的人相信地球是平的。然而,局部地区用小型平面地图还是有用的,因为我们人类大多是在世界一角的小范围内活动。

局部属性与全局属性之间的相互作用是数学的重要内容,因为我们常常会从小的积木着手,将积木搭建成更大的东西,以此建立对事物的理解。然后,当我们面对庞大而复杂的结构时,我们可以试着将它分解成小部件,来了解它们是怎样拼成一个整体的。

范畴论有一个强大之处,是它作为理论框架,既能很好地适用于宏观层面,也能很好地适用于微观层面。我们可以探究整体世界之间的关系、世界上不同物体之间的关系、具体物体中不同部件之间的关系,以此类推。这种层次上的灵活性是抽象理论的一大优势。在本章中,我将放大细节,探讨我们作为个体,如何在独进的社会中也能做到共进地运作。

我以此作为"挺身而进"观念的替代方案,奉献给那些不接受该观念的更加共进的人。前面已谈到,如果固守性别维度,就会陷入思维的陷阱,认为女性要么变得更像男人且"挺身而进"以获得成功,要么自暴自弃放弃拼搏。或者,我们试着让男性变得"更像女人"来应对男性主导问题。现在,我们可以换一套术语对此加以表述:每个人都可能认为自己要么学会独进,要么放弃成功。有的人比其他人更乐于学习独进行为。我就学了一阵子,后来发现自己不自在,但我并没有自认不成功而放弃拼搏,因为还有第三条路,就是中和社会的独进压力,以共进的方式争取成功。

首先,我想介绍几位榜样人物,他们终其一生都在寻求如何做到更共进,也让我们相信这不仅做得到,而且也值得做。

共进的榜样

我发现，米歇尔·奥巴马的自传《成为》（*Becoming*）在很多方面都精彩纷呈。有关她的人生历程，我想重点讲讲我眼中独进版和共进版的成功。据该书作者的自述，她首先是按成功的常规定义来追求成功的：就读于名牌法学院，就业于知名律师所，挣的是巨额工资。她得到了这一切，然后又意识到这不是**她**想要的。也许她当时的感觉是自己别无选择，就是要证明自己这个出生于芝加哥南区的黑人女性做得到。但后来她又想要一种不一样的"成功"，在自己认为有意义的工作中，以她自己的方式成就人生。她自问："我想要为这个世界做些什么？"并且意识到做个当红律师并不能实现这个抱负。

她花了一些时间研究如何利用自己的专长和经验做出更有意义的贡献，于是便告别了律所。她先是担任市长助理（薪水减半），然后又在公众联盟任职。公众联盟专门招募那些有可能受不到重用的青年才俊，培训并资助他们做非营利性或社会慈善工作。后来，她又在芝加哥大学从事社区关系工作，努力消除高等院校与南区街邻之间的隔阁。她称这些工作是"更具公民意识的"工作。

在我看来,她最先走的是传统意义上独进的律师道路,取得了成功,然后意识到自己想要的是更共进的事业和更共进的成功模式。她共进地着手谋划如何才能做到这一点,她审视了自己的价值观,向自己尊崇的人求教。很显然,她先是觉得自己必须在传统意义上独进的职业道路上证明自己。我不怕有人说我在拿自己比米歇尔·奥巴马,我要说,我也是一开始觉得自己得在传统意义上独进的学术道路上证明自己,后来才觉得可以重新审视自己的价值观,为自己创建一份更加共进的事业。说来也怪,如果我更独进点,也许更早就会觉得自己有能力抵制传统框架了。

朱津宁(Chin-Ning Chu)在《女子兵法》(*The Art of War for Women*)中说道:"我们已经将自己的头脑训练成以特定方式思考,也就是以**男性的**方式想问题,无非是想出人头地,攀登集团阶梯,一直做到总裁。"当然,我更愿称之为**独进的**方式,好把我们的思路从性别之争中抽离出来。像这样抽离自己,还能帮助我们看到我们未必需要女性榜样。我们的确需要她们来帮助我们超越性别化压迫。但是,要想帮助我们超越独进的假设,我们还需要共进的榜样，无论性别。

我们在寻找榜样时，可能会陷入这样一个恶性循环：如果社会推崇独进，那么我们听到更多的是独进的人。但是，只要我们去寻找，就有其他的故事在那里。

约翰·贝兹（John Baez）教授是一位物理学家，也是一位多产的博主，早在1993年就开始分享对物理学的理解，那时还没几个人知道互联网。他每周撰写专栏《一周数学物理发现》，这种共进的模式既帮助了世界，也帮助了自己，因为他知道让自己了解事物的最好方式是写出来给别人看。很多杰出的教师都发现教学有此功效，如果你存心帮助他人理解问题，你对事物的理解会深得多。共进能帮助自己，由此就可见一斑。这截然不同于在阶梯教室前故作姿态、面对学生尽享威权的做派。贝兹非常注重帮助社会，他想的是怎样做才能更好地利用自己的数学专长来帮助世界，以最好的方式竭尽全力将我们从全球经济危机中解救出来。贝兹的事迹鼓舞我像他一样深度思考，思考我应该如何更好地利用自己的数学专长来帮助世界。虽然我们的答案在具体内容上大不相同，但想法是一样的。

当我开始职业生涯时，我的抱负是在顶尖大学当数学教授，领导一个强大的课题组，吸引才华横溢的博士生。现在，我的抱负是改变世界，让更多人参与其中，让那些之前被排斥在数学之外的、科学之外的、教育之外的，以及不能全面参与社会的人参与进来。请记住，这不一定是一种竞争，但我会说我的新抱负比旧抱负更有志向，只是我觉得这种志向是共进的，而之前的则是独进的。在我改变自己的事业和人生的过程中，我在很大程度上受到了约翰·贝兹的启发。

我一直需要女性榜样来帮助我相信女人无需效仿男性行为也能成功。但更加鼓舞我的是看到共进的榜样，无论性别，比如贝兹。我们一定要把这些问题区分开来，因为太多被奉为榜样的女性其实都是相当独进的。共进的女性榜样效果最好，但相比独进的女性榜样，共进的男性榜样对共进的人的帮助要大得多。

也有女性是为了周围人的利益而有意识地向共进靠拢的，她们属于例外。艾米丽·里尔（Emily Riehl）教授是一位抽象数学家，目前就职于约翰斯·霍普金斯大学。她还曾代表美国参加过国际级别的澳式足球比赛，她自己也承认自己极为好强和独进。为此，她成功考研，年纪轻轻就当上了研究员，发布研究成果，在大会上向资深教授作自我介绍，好不春风得意。

但是，随着年龄的增长，她逐渐认识到，共进的方法对教学和培养新生很重要。她为女性和少数族裔举办过多次研究生研讨会和研习班活动，每次开头她都会强调说，如果自己在教学过程中太过独进，就请大家提问，让她变得共进点。在不久前的一次会议上，我问她是怎样做到在人们演讲期间问这么多问题的，而我到现在都不敢当着听众提问，怕别人说我的问题太傻。结果看来，这么做虽然表面上看起来很独进，但她用的方法却是共进的。她知道这样做能帮助他人，能帮助改变演讲的基调，所以下决心无论参加什么演讲，都要问一个问题。她承认自己一开始很害怕，但还是硬着头皮提问。有人可能会说这是用独进的方式实现共进，是为了帮助别人而勉为其难。

如果你更明显地倾向于独进，那你可能更敢于改变。但就个人而言，我发现帮助他人是一种强烈的共进动力，驱使你去做那些貌似大胆的事情。事实上，这也反映了一种普遍原则：我们可以寻找共进的方式来做表面上貌似独进的事情，比如敢于改变。

如此可能需要重构很多我们认为理所当然的事情，进一步挖掘出根源性问题。过去几年我都在做此努力。我发现，变得更共进不仅是一种替代性的激励方式，使自己不再去做貌似独进的事情，甚至还激发了我更大的潜能，让我能为社会作出更大的贡献，而这些是我在追求独进时无法做到的。从抽象的层面，我还看到我们对生活所做的独进的假设是多么的不必要，这让我大开眼界。另外，我比以前更快乐了。

在独进和共进的二维平面上，我想我的人生大致是这样走过来的。

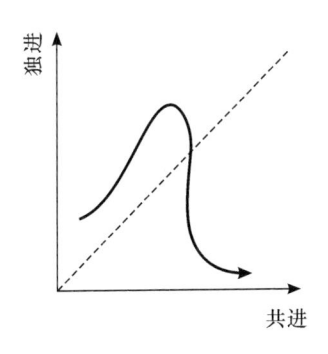

曲线逐渐上升表明，在我变得更独进（好胜、好斗、好强）的同时，我也学着变得更共进（协作、培养、主动

助人、团结众人)。峰点表示我为了在标准的学术生涯中通过取得"成功"来回应社会的奖励付出了多大的努力。然后,当我开始摆脱独进行为时,我还不知道该怎样变得更积极共进,我到现在还在学。

有些人可能独进和共进各占一半,两者都不明显,可排在左下角附近。其他人在不同的情形下(也许是同时),可能明显独进,也可能明显共进,可排在右上角。要记住的是,在这种二维图谱中,二者"均等"的情况有许多,它们处于虚线上的任何一点。

要想完全表现二维图谱中逐渐变化的细微差异,免不了要用两种颜色,即本书作者照片中添加的红蓝方块。[1] 随着我们向上或向右移动,两种颜色会逐渐变暗,而且还可能逐渐融合到中间。

由于这不是简单的二元逻辑,因此,可以通过微小的增量一步步过渡到更共进的行为。这不一定是突变。而且它在有些情形下可能发生,在其他情形下又不能发生。我

---

[1] 如果你看的不是书套上有本人作者照片的实体书,可在以下网址查看:eugeniacheng. com/square。

以前在非工作环境下就变得更共进，后来才得以在工作环境下也做到更共进。

不改变结构就想在独进的世界做到共进，这听起来像天方夜谭，而改变结构听起来也像天方夜谭。我们是陷入哪种困境了呢？我知道的是，如果我们假设不可能改变任何事情，那么它就是天方夜谭。我也知道，小的改变是可能的，积少成多就成了大变革。所以，我将谈谈怎样从改变自己的思维方式做起。

重构独进的假设

由于我们对这个独进的社会早已习以为常，我们很可能不自觉地就按独进的方式思考。表面上看起来似乎要成功须独进，但其实我们可以重构某些听起来独进的行为，使之变得共进。如前文所述，既然历史上大部分成功人士都是男性，我们就可以只从这个角度看问题，由此形成了有关成功模式的单维视角，导致女性效仿男性行为，力争与男性平等。

事实上，女性要想效仿男性，可能需要比男性更独进，因为男性对世界的体验是不同的。白人男性不需要多大胆就敢在集体场合发言，因为他们没有受到社会的威胁，而且就算说错了，也感觉不到负面影响。而女性就需要鼓足勇气才敢在同样的场合发言，如果她们说错话就会受到嘲笑，她们常常面临这种处境。一旦受到嘲笑，女性可能比男性更受伤。所以，就算人们嘲笑那个男的"愚蠢"，他也可能更容易一笑了之。总而言之，如果我们效仿男性行为，我们在这个过程中的感受也未必与男性一样。

与其独进地面对风险迎头而上，不如采取共进的措施来应对风险。我觉得，如果大家都学着不要嘲笑他人，情况就会好很多；但同时我们还可想出办法，以共进的方式来应对，而不是一味地硬扛到底。我知道自己在很多方面貌似很独进，但我的动机其实是共进的。我真的不是生来就自信，但我还是站起来，面对满堂听众演讲。我避免冒险，但我还是迈出了显然极为冒险的一步，丢掉了铁饭碗，成为一个自由职业者。我容易受伤，却在社交媒体上任由那些不期而至的可恶男人说三道四（是的，那些让我憎恶的人几乎无一例外都是男性）。这是因为我找到了共进的方法来处理貌似独进的事情。

了解这种重构的可能性，特别有助于那些感觉被独进环境排斥的人，而很多女性都属于此类人群。它能帮助我们在任何情形下改变环境，帮助共进的人参与进来。我觉得这是包容的一大特点，对性别不平等特别有帮助。

以"力量"为例。初看起来，力量似乎是独进多于共进，但有力的表现有多种形式。传统上的力量可能指强大、坚韧、身体和情感上不屈不挠，因此能战胜他人。这属于独进的力量。

共进的力量可能更像是灵活性。有些实体材料正是因为灵活才得以坚固，而一些刚硬的东西反而更容易被折断。共进的力量不是像瀑布飞流直下，而是像河流改变河道方向得穿过蜿蜒崎岖的地貌；像深深扎根的植物能在大风中摇曳，而高大的树木则更容易倒下。

还有一种共进形式的力量，是知道何时求助，怎样求助，并且及时得助于身边的人。独立自强不是成功的唯一禀赋。我们这个独进的社会崇尚的是独立和"自我奋斗的百万富翁"，但没有人真的是自我奋斗的。从这点来看，我们这个性别化社会对男性也有不利之处，因为求助于人就说明男人骨子里的软弱。由此，很多男性因为社会误导的压力而羞于求助，最终错过了获得支持甚至医疗护理的便利。

没有人的成就离得开周围的人和社会整体。建立良好的人际关系是共进形式的自立，是建立相互依赖而不是孤军作战（我也是这样应对社交媒体上那些可恶之流施加的压力的）。这样做效率更高，甚至还更加有趣，就像众人拾柴火焰高，而不是各家自扫门前雪。

与自立相关的是自尊心和自信。这听起来像是独进的特质，但我认为这要看自信从何而来。让我们进一步深思根源性问题，想想自尊心的含义是什么。这可能听起来像是单纯来自你自己的自我信念，无关其他。那就真的太独进了！而且我已认识到这种独进的基调让我反感：我觉得自己不想要那种自尊心。

但是，自信还可以来自外部的认可或充分的准备。如果你获得了一些成就，那么在能自力更生之前就可以开始相信自己了。同样，如果你已经为某事做了相当多的准备，你也无需自立就能相信自己了。如果你一事无成或毫无准备，但仍然有理由相信自己，我就会称之为独进。这是两种不同类型的自尊心。下图为相对外部认可或准备而言，拥有和缺乏自信的两种形式。

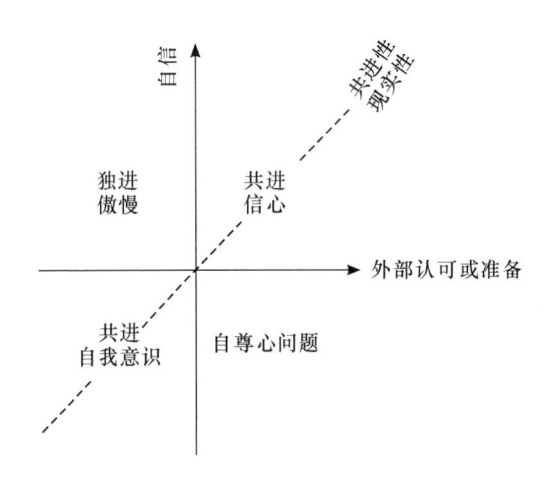

```
              自信 ↑              共进性
                                 现实性
                                 ⟋
                                ⟋
       独进    │   共进       ⟋
       傲慢    │   信心     ⟋
              │          ⟋
              │        ⟋
──────────────┼──────────────→ 外部认可或准备
           ⟋  │
         ⟋    │
       ⟋ 共进  │  自尊心问题
      自我意识 │
     ⟋        │
```

我确信自己拥有的信心是来自外部的认可和充分的准备。我曾梦想当数学教授，但对自己没把握。所以我努力拼搏，每跨过一道难关都会增加一份自信。但我还是列出了一长串后备方案，以防万一。随着得到越来越多资深教授的鼓励，我的信心越来越强，我觉得自己一步步走向了右上角。相比之下，独进的、意气风发的数学家始终相信自己能行，即使屡遭挫折也绝不放弃，他们位于左上角。需要外部认可不一定是自我怀疑的表现，它能确保你认清了现实，而不是自大狂妄。

图的下半部分是缺乏自信的不同表现。右边是指有了大量外部认可且准备充分，但仍然缺乏自信。这种表现我认为是自尊心问题（也就是怯场）。共进的人不会不愿意相信自己能行，即便是在所有其他人都相信你能行的时候。

左下角是有大量外部证据证明你不擅长某事，或者你知道自己毫无准备，此时最有自知之明和最现实的做法是承认自己不行，这还能避免做无用之功。我有大量证据表明自己不擅长凭直觉认路，所以我总是借助地图指路。我知道有些人老是迷路，但**就是**不肯用地图。

虚线表示一种"平衡"的共进，一种悉心根植于外部认可的自我认知。可能有人会说，多么一**点儿独进可**能效果更好，这样才会有一些固在的自我价值感，尽管世界的结果是不可预测的。这么说也许没错，但我要说，我更希望这种自我价值是父母和老师在童年时代用正确的认可为你树立起来的。此时，那种表面上看起来固在的自我价值，恐怕也是建立在外部认可上。我觉得，认识到考试成绩和得奖之类的东西可能有点难以预测（而且颇有争议），也是对考试和得奖的平衡性反应的一部分。

从更加细微的角度看，认可的形式也有独进和共进两种。独进形式的认可有奖项、奖金、成绩、收入、地位象征及其他显示你"优于"他人的外在标志。共进的认可形式是知道你做了某种贡献，帮助了某些人，创造了某种东西，改进了某种东西，等等。

有一种危害极大的独进认可，是通过贬低他人来增强自己的优越感，具体的形式有：试图让他人因为自己的知识、品位、职业或社会地位而感到低人一等，排挤他人以显得自己与众不同，等等。偏见和偏执是独进行为，是靠排斥他人于圈外来增强自尊，是宣告其他群体低下，从而显得自己所在的群体更优越。科迪莉亚·费恩在《荷尔蒙战争》中写道，有一项研究发现，如果告诉一名男性，他在某项女性擅长的事务上做得很糟时，他会自尊心爆棚，因为"做不好低等级的女性活儿有助于树立高等级的男性威严"。

可以说，这种对优越感的需求来自内心深处的不安全感，这与自尊心恰恰相反。也许此时他们可能需要更多的自尊心才能做到共进，做到不需要那种优越感。当然，如果不把性格特质与性别挂钩，进而认为男性的性格特质优于女性，我们就能跳出性格与性别挂钩的窠臼来看待性格特质，从而做出客观的评价。

来自外部认可的自信也可被视为共进形式的自信，但"自信"这个概念本身听起来就很独进，而且还可能让共进的人退避三舍。我就曾对它望而却步。有很多其他被认为是成功所必需的特征，它们同样听起来很独进，但个个都能找到相应的共进版。还有一样是我在谈到自己辞职时提到的——冒险。

冒险

我们这个独进的社会崇尚并奖励冒险。我们从肤浅的角度惊讶赞叹那些徒手攀岩或是在摩天大楼之间走钢丝的人。从不那么肤浅的角度，我们往往觉得高风险的科学研究更令人振奋。比如说，貌似荒诞的实验证明了某些相当不可置信的结果。倒不是说人的安全有风险，而是说失败的风险太大了。下一章我将回过头来论证低风险的研究更有价值，以及如何倡导低风险研究。风险与性别不平等存在细微的关联，而且有大量研究论述过这个课题（见《荷尔蒙战争》等著述）。研究表明，女性表现的冒险行为总体上不如男性多，但这并不属于先天的生理差异。我想强调的是社会促使女性去冒更大的险，以争取与男性一样成功的方式。这又是另一种形式的"挺身而进"。

我想绘就一幅蓝图，显示我们如何学习"挺身而出"，也就是以共进的方式重构那些明显独进的行为，然后转而采取共进的行动。这就是要（再次）回到根源，自问"冒险"的含义到底是什么。

下图为几种不同的风险响应模式。

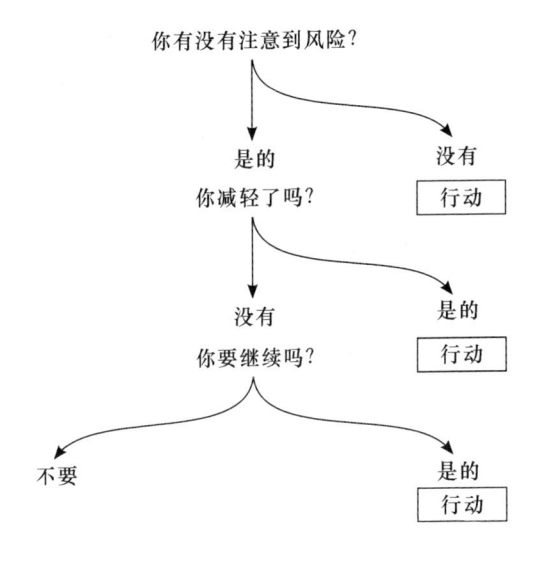

```
你有没有注意到风险？
    │         ╲
    ▼          ▼
   是的        没有
你减轻了吗？   行动
    │    ╲
    ▼     ▼
   没有   是的
你要继续吗？ 行动
   ╱    ╲
  ▼      ▼
 不要    是的
         行动
```

左边是风险让你无法行动的情形；右边的任何结果（标有"行动"）都可描述为"冒险"。然而，我觉得二者意味各有不同。中间是你在减轻风险，也许是通过建立巨大的安全网络，此时你其实并不是在冒险，因为所有的风险都消失了。我觉得这不是一般意义上的"冒险"，尤其是当独进的人一口咬定敢拼才能赢时，我更是**不以为然**。我觉得共进的人可能是身不由己地被置于图的最上方或者最下方：要么屏蔽风险，要么一头扎进去。

同时也要记住，即便是相同的情形，对于不同的人，风险的大小也不同。正如我们已经讨论过的，人们在集体场合发言时，女性的风险要比男性大。同样是夜晚在街上走路，高大健壮的男性就比我的风险小。更抽象地说，社会身份高的人能承受更大的社会风险，确切地说，这对他来说根本不算风险。

当然，最理想的是制止人们做那些分裂性行为或其他阻碍性行为，从而消除风险。但与此同时，共进的人又能做什么呢？如果共进的人觉得敢拼才能赢，他们可能连试一下的勇气都没有。相反，我敦促共进的人构建大型的安全网络来降低风险，比如制定应急预案，做好充分准备，或者建立支持网络。这么做不一定单纯是防御行为，还可以具有积极的实效，进而让更独进的人在学会后也能受益。我就是一个极具避险意识的人，但这非但没有妨碍我，反而使我努力降低了那些风险，能更加得心应手地处理事情。说实话，我觉得自己一生就没有冒过什么大风险。

凡是有人告诉你怎样才能成功，请质疑这些智慧或忠告，问问这是不是在做独进的假设。如果是，而且你或他人对此觉得反感，不妨试试用共进的方式重构这些忠告，或者找到共进的方式来达到相同的效果。

这条分析思路，能帮助我们找到共进的方法来打破独进型社会的陈规旧俗，应对那些听起来独进的态度或行为，如"离开舒适区""坚忍不拔"等等。我不离开我的舒适区（这听起来很恐怖），而是想办法扩大它。坚忍不拔也让我反感，因为我不喜欢重整旗鼓的想法，也不喜欢对坏事无动于衷的做法。我更愿意做一个敏感的人，看到坏事感到受伤，然后又能想方设法化消极体验为积极体验，比如找到方法帮助他人。

对有些人而言，这是一种坚韧；但如果坚韧的整体概念让人退避三舍，就应该提取概念中不让人退避三舍的内容，将其换个称呼，就像"共进的冒险"，其实就是构建安全网络。

首先，像冒险一样，我想强调的是，坚忍不拔或貌似坚韧对于优势人群要容易得多。越是有钱（在其他条件均等的情况下），社会地位越高（身为白人、男性、异性恋），身体越好，抵抗磨难的能力就越强。在鼓励人们变得更坚忍不拔以获得成功时，我们要当心：这是不是全然不顾他们在生活中的劣势地位？

但我也担心，坚忍不拔还可被用作一种形式的压迫，不过是披着帮助边缘人群进步的外衣罢了。社会要求女性在职场上要多忍耐一点，但这往往意味着女性只能忍受不良行为、偏执、性别歧视玩笑和骚扰。如果我多忍耐一点，就会在自己不喜欢的岗位上待得更久，想着自己不过是要忍受被轻视和被欺负罢了，无论这是出于种族歧视、性别歧视还是年龄歧视。

在独进的环境下做到共进，并不是说要忍受性别歧视而不还击，而是学会迎难而上。如果做不到迎难而上，那就设法全身而退。也许"共进的坚韧"其实就是转变。与其忍受独进的环境，不如努力转变它。

以共进的方式应对独进能量

我们怎样才能应对独进的环境,既不被环境淹没,又不会反过来变得独进?面对滚滚而来的独进能量,共进的人又该怎样发出自己的呐喊?以前我曾训练自己变回独进状态,但每试一次都会罢手,并非常讨厌那个样子的自己。何况这也达不到任何目的,除了让世上的独进能量延续和升级。

但是,要想不被独进的人任意踩踏,又似乎别无他路。这可能不会加剧独进,但肯定让独进得逞了。共进的人往往被人踩在脚下,因为我们都是小心翼翼的,生怕吓着别人。尤其是女性,在社会的压力下,不得不牺牲自己来成全他人,或是在家中,或是在照顾人的工作岗位上。女性的美德是将他人摆在第一位,甚至不惜牺牲自己。有好多次,当我设定边界保护自己时,就被指责为自私自利。

然而,设定界限不会让你成为可怕的人。保护自己不会让你成为可怕的人。如果保护自己就等于伤害他人,那就说明这种关系是毒药,是零和的。通常是对方蓄意培养这种关系,为的就是在感情上要挟更共进的人去做他们本不愿做的事情。

心理学家菲利帕·佩里（Philippa Perry）认为，要让孩子在非评判型环境下长大，而不是只论输赢的环境。如此，在面对打击能量的时候，他们不会反戈一击，而是会想"呵呵，这人挺有趣"，从而化干戈为玉帛。[1]中和打击能量，这让我想到日本武术合气道。据我理解，合气道就是中和袭来的攻击性能量（也许是将其打入地下），拓展出一个非暴力的互动空间。（我不是专家，也不是任何类型的专业人员。）化解肢体暴力可能是合气道最有价值的一面，但化解整体的独进行为同样富有价值。这也是鼓励他人的共进行为的好办法，是构建共进型新结构的起点。这需要练习，而且未必总是奏效，但可以通过用共进的方式重构。

有一件小事我坚持了几年。如果有人非得要和我打电话讨论某事，这听起来也算正常。的确，按照常理，在电话里讨论事情要好得多，效率也高得多。然而，我觉得这

---

[1] Robyn Wilder, Philippa Perry: "Listen carefully, parents – and don't despair", *Guardian*, 10 March 2019.

种假设值得质疑。

我发现，有时候人们想用电话讨论，仅仅是因为不想花时间将思路整理成文字，而有时候又是因为他们想"逼我上梁山"，施加压力让我做一些我实在不想做的事情，比如多干活，少拿钱，或者给我带来其他不便。这就是一种我想中和的独进能量。我可以相当轻松地应对：用写邮件取代打电话。真正独进的人会大为光火，我有时想：是不是因为他们知道（有意无意地）我已经与他们平起平坐，让他们失去了不公平的独进优势？我的灵感来自一位非常共进的副校长，她委托我撰写一些文章，但特意提出通过电子邮件讨论具体条款，因为她觉得当面讨论会很不自在。人们常说女性不爱要求加薪或提任何要求。我觉得有一种方法能让我不那么独进地提要求，那就是避免当面讨论，改用邮件沟通。

每当我感觉独进能量向我袭来时（这是常事），我都会借机练习如此共进地中和它。下图是我个人在面对独进能量时的选项图。

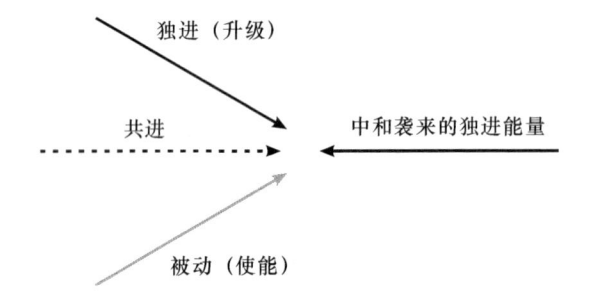

```
                独进（升级）
                      ↘
    共进                  中和袭来的独进能量
    - - - - - - - - - - →  ←
                      ↗
                被动（使能）
```

我发现，最好的方法是试着想出三种类型的响应方式，如上图所示。还有一种有益的方法，是想象自己头脑中闪现的最直接的反应会是什么，以及自己之前在想出刻薄反击的时候会幻想哪种反应。附录中列举了几句人们曾对我说过的独进的话语，以及我想到的三种响应形式。

我发现，像这样尝试与行为独进的人交流，能在不知不觉中转移权力的平衡点。由于男性目前在社会中掌握着更大的权力（在结构上），而遗憾的是，向我施加独进能量的基本上都是男性。但我也发现，相比尝试还之以独进能量，当我以共进的方式中和独进时，他们的反应要柔和得多。

这并非易事，因为多少年我都是冒冒失失地在独进地响应。但是，如果你将共进响应设置成零失败模式，那就不存在风险：如果你的目的是中和独进能量，那么你还可能会失败；但如果你把它重构成共进行为，目的是**练习一下**中和独进能量，多积累几个案例研究，那么就不存在失败这个概念了。无论结果如何，你都可以从容地走开，过后再想出几种不同类型的响应。一般情况下，我们都会在事后独进地走开，拼命想出几句刻薄话，再懊悔当时怎么没想到。但我已经意识到，与其想出刻薄的回击，不如想办法去中和独进。

当我们中和了独进能量，我们就实现了一举多得。我们为更共进的互动开辟了空间，又从奖励独进行为转变为鼓励共进行为。更重要的是，我们扭转了权力不平等的现行状态。由于现状偏重男性，在我看来，每一次转移权力的努力都是一场女性主义行动，无论努力有多么微小，无论进展是否顺利。正如人人都能助长对女性的压迫，即使他们并不是刻意针对女性；我们也都能助力解决性别不平等，即便我们并没有刻意帮助女性。我非常相信这就是共进的力量。

这是实现终极目标的良好起点，这不只是学会让自己变得更共进，鼓励他人的共进行为，更是创造一个更共进，进而更包容的世界。这也是下一章即本书最后一章的主题。

7 未来的梦想

7 未来的梦想

以下是我设计的梦想列车图：

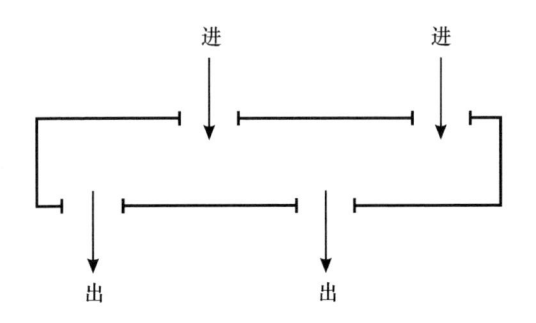

```
         进                    进
         ↓                     ↓
   ┬─────────┬─────┬─────────┬
   └────┬────┴─────┴────┬────┘
        ↓               ↓
        出              出
```

每个列车站台都同时利用列车的左右两侧，一侧用来上车，一侧用来下车。这样一来，乘客就不会挤在门边，既挡着别人下车，自己又上不了车。每一侧的门错开设置，以免乘客不肯往车厢中部走；因为他们一心只想靠近车门，好方便下车。这是一种共进已经深入人心，独进行为的优势已被中和的结构的微缩版。这个具体的例子多半是一种幻想，谁都不会花天价把现有的所有火车站和列车改成这个样子。即便如此，在小范围内确实存在相对两侧分别设置出入口的情况，如机场航站楼之间的换乘轻轨，一些电梯，往往还有地下火车站。我承认，当我坐上电梯，而且知道出口是在另一边的时候，看着不管不顾的独进的人堵在入口，没有意识到自己不仅让别人不便，也让自己不便的时候，心里总是有点幸灾乐祸。

我将提出一些对未来的梦想，谈谈我们可以怎样重建整个社会，让它变得更加共进。在有些情况下，我将从已经有条件共进的情形入手，也许是能进一步推广的小规模的共进型结构。在其他情形下，我会自由梦想，帮助我们摆脱我们的假设，即便实际很难施行，就像列车一样。

这是我对所有女性主义著述的回答。它们认为我们需要改变整个体制，但没有提出如何才能做到。我觉得，有了本书下半部分的新观点，我们就能够解决这个问题。特别是，我觉得我们能够解决本书上半部分阐述的那些与沉迷于单维度性别思维相关的问题。我们陷入了男女"不同"的思维陷阱，被差异是先天还是后天的问题带偏了主题。

为此，我们被迫在五花八门的性别化选项中做错误选择。

现在，我们可以打破所有基于性别的选择。我们可以远离伪女性主义或"挺身而进"，不再要求女性变得更像男性以获得成功；我们还可以远离相反的情形，即要求男性更像女性；我们可以远离"反向性别歧视"，也就是刻意偏重女性来弥补过去的压迫；我们可以远离反女性主义，它告诉女性她们不过是在生理上不具备成功的特性罢了。

相反，有了独进和共进的概念，我们就可以摆脱一维思维的陷阱，思考怎样在社会中构建更加共进的结构，使我们不再偏重适得其反的独进行为。我相信，这反过来又让更共进的人激发出更大的参与热情，鼓励人人都向共进靠拢，进而增强新结构中的共进因素。

数学上有无数的进步都是涓涓细流汇成河。想要一口气理解或改变整个结构固然精神可嘉，但如果我们先理解并改变小部件，再将小部件汇聚成大部件，同样大有可为，正如我人生的不同阶段（包括个人、人际和职业等不同层面）所做到的那样。纯数学是梦想之乡，是梦想新概念和新结构；有时是梦想出新概念，而新概念又形成新结构，如虚数；有时是梦想出旧概念的新结构，如范畴论。

遗憾的是，数学往往被视为规则之地，僵化和约束之地。尽管在部分层面的确如此，但还有一个更深的层次会随着研究的深入越来越重要。这个层次就是理解规则和约束的**要点**，然后就能游刃有余。如果你能准确把握约束的本质，就能梦想出有效的方法来打破这些规则，创造更美好的世界。

在上一章中，我们讨论了个人如何才能变得更共进，即便是在独进的体制下。但是，如果我们能够协作起来创建更加共进的体制，即便部分人仍然非常独进也无妨，因为那种能量会逐渐消散。我觉得我们可以形成良性循环，即个人影响结构，结构反过来影响更多的个人。

这比单纯中和独进又进了一步。

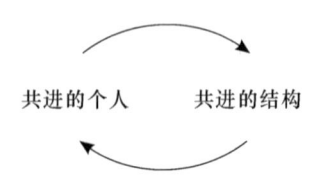

共进的个人　　共进的结构

有一个抽象的例子是"囚徒困境"，我（与很多其他学者）曾在其他著述中有过论述，这是哲学和博弈论中最受推崇的思想实验，表明合作比竞争效果更好。在这个假设的场景下，给两名囚犯机会相互告发。如果两人都不告发，就会分别判处 2 年有期徒刑。如果两人相互告发，就会分别判处 5 年有期徒刑。但如果只有一人告发另一人，则告发者无罪释放，另一个保持忠诚的人将获刑 10 年。

如果囚徒之间不许相互合作，事情就十分棘手。如果对方告发你，那么你反过来告发他也会好得多，因为你只判 5 年而不是 10 年。如果对方不告发你，你告发他还会更好，因为你会无罪释放而不是获刑 2 年。所以，如果两个人各行其道，相互告发，结果就会分别获刑 5 年，这样做算得上"合乎逻辑"，但它是独进的逻辑。如果发挥共进思维，他们可以保持彼此忠诚，最后的结局会更好：各判 2 年。即便不许他们相互交流来实现合作，也能达到相同目的，只要两人都具备共进思维，相信对方也同样具有共进思维。

这种结构仍然建立在信任之上，但我喜欢梦想有一种结构能自动激发共进行为，即便是那些对此抵触的人，就像我的梦想列车设计一样。我相信这是一种强大的共进方式，让我们能够开始转变现行的权力结构。由于这些权力结构目前仍然偏重男性，所以我认为这种改变是一种形式的女性主义。这听起来可能有性别色彩，而本书的主旨是倡导一种非性别化视角，但对我而言，这是一种非性别化的女性主义方式。

就像即便整个系统没有表现出明显的女性歧视，那也存在根深蒂固的偏见一样，我觉得我们应该打破性别思维的框架，扭转这种偏见。这其实就是借助我们的新维度来跳出旧维度的陷阱。

我将以我经验最丰富的领域（数学的教学和研究以及更宽泛意义上的教育）为切入口。这些梦想是可以扩展的，而且会随着你的思路自由翱翔。

共进的数学

正如前文所述，从性别偏见上看，数学领域仍然问题不小。我们需要努力克服对女孩和成年女性的显性偏见，如成见、传统的威胁论和缺乏榜样；但我们也需要努力克服间接偏见——目前数学各阶段的独进的教学方式就容易造成间接偏见。更共进的视角能直接解决这种间接偏见，但我觉得它也能解决显性偏见。如果我们专注于数学共进一面的价值，就可能注意到，我们以前奉为数学大咖的那类人士（比如喜欢自吹自擂的男性）其实名不副实。

共进的数学是我多年来一直在向艺术生讲授的东西。我觉得这也是上学伊始就应向孩子们传达的理念：数学就是搭积木，玩玩具，用能触摸和感受的东西来玩耍和探索。到了研究阶段就又回到了这样的状态，可惜到那时，我们已经通过中间的阶段把太多的人关在门外了。

我觉得，数学的中间阶段也应该全程共进。我们其实不再需要训练人们做人类计算器，因为我们或多或少随身都带有实体的计算器（比如我们的手机）。所以，把数学当作探索和过程，它就会变得更加共进。与其说数学是知识，不如说它就是一种思维模式。

我希望看到非累积课程制，使每个阶段都不取决于上一个阶段。传统模式更像是一组跨栏，一个比一个高，专门用来在各个阶段淘汰一批人。这不仅是独进的，而且还会适得其反，因为我们没有淘汰对人。

我希望学校能教范畴学，因为它有潜力成为"思维模式"的数学，而不是练习如何求解正确答案。但是，共进的数学不仅是关于我们教了哪些科目，更是关于我们怎样来教的。数学应该提倡深度重于速度，注重发明和成长，而不是发现"数学人才"，把他们从"非数学人才"中分离出来。

有人可能会担心，如果我们改用共进的方式教数学，虽然提高了包容性，但也会带来标准降低的副作用。当然，能让更多的女性从事数学工作，往往能平衡这种批评——有人相信女性的数学确实不如男性，所以我们就是得要降低标准。但我觉得芬兰的事例表明事情并不是非得如此。

此外，所谓的"标准"也是独进的标准。如果我们关心的是我们能让人们成就什么，而且通常是通过一些考试来实现，那么我们的目标就会非常有限，不可能持久影响学生的人生。更共进的方法是专注于学生的数学体验，确保无论发生什么都不会动摇他们对数学的兴趣、好奇和喜爱。如果我们训练他们在考试时能挑出正确答案但又不喜欢数学，那么一旦考试结束，他们就会忘掉所学的一切，并永远憎恶数学。此时，我觉得我们并没有多大收获，而且我们得到的都是负面效应，还不如不教数学来得痛快。

7 未来的梦想

反过来，如果我们的目标是培养和增强兴趣和欣赏力，那么我们培养出来的成年人会更多地喜爱数学，而不是厌弃数学。我们需要更多地关注这个共进的目标。当我在公开场合发表演讲或接受采访时，观众普遍会真心诚意地对我说："您要是教我数学就好了！"说这话的几乎全是女性，而向我夸耀数学知识的则几乎全是男性。但再次需要强调的是，并不是所有男性都这样，也不是所有女性都那样。对我而言，非性别化术语不仅能帮助我们避开那些分裂性的一概而论，而且还能解决当前存在的性别不平等问题。

除此以外，我还觉得这将更有利于研究。独进的数学可能会提高独进考试的标准，但不能提高研究标准，而研究要比考试共进得多。

共进的研究

学术研究的世界有着非常独进的一面，而且如前文所述，男性的主导比在早期阶段更加严重，尤其是在数学和科学领域。但是，研究属于深度共进的活动，所以利用独进指标筛选研究人才纯属误导。如果我们培养共进的学生，就能在每个人身上发现更多的研究潜能。如果太多女性之前被独进的环境拒之门外，这个方法还能解决性别不平等。而且，不解决独进，就**无法**有效解决性别不平等问题。如果在不解决独进的情况下试图扭转性别不平等，就会导致有多样性而没有包容性，造就悲惨的女性（就像我在学术职业一样），而那些不快乐的女性还可能无法在这种环境下好好工作，进而又反证了女性天生不适合做学术的偏见。

所以，我希望研究**环境**也能变得更共进。它一直在朝这个方向靠拢，并显示出勃勃生机，尤其是因为有了科技的帮助。我们已经见证了一些非常振奋人心的共进模式，尤其是在数学领域，如全球合作的兴起，研究和展出的自由共享，这已在第五章阐述过。这要好过从前以秘密竞争、争夺第一、"名"刊发文为主的独进型研究。

以研究成果的发表机制为例。我们能看到一种结构既能推动人们更独进，又能培养人们更共进，这取决于结构的设置模式。如果是共进模式，就可以采用"备案报告"

格式[1]来发表成果。不同于独进机制偏重的是轰动性的正面结果，这种共进机制是先对研究的问题和方法开展同行评审，**然后**再收集数据，所以评审的是过程而不是答案。这种方法的道理在于，如果问题有意义且方法合理，那么实验的结果也有意义，无论是正面的还是负面的。心理学研究学者亚历山大·丹佛儿（Alexander Danvers）写道，使用这个方法的时候，"不存在研究失败"之说。[2]他认为，与其独进地挖空心思取得"吸人眼球、狂野"的结果，不如积累科学认知来得有效；在这种高风险研究进展顺利时大加推崇，其实是扭曲了科学理念，让科学家把更多的时间花在只有当得到积极的结果时才有意义的问题上。独进的视角还会导致发表的成果没有多大统计学意义，而且"失败"的实验得不到发表，因为只有"成功的"实验才有意义。

事实上，为了创造更好的研究世界，我有一个激进的

---

[1] "Registered Reports: Peer review before results are known to align scientific values and practices", The Center for Open Science.

[2] Alexander Danvers, "Addressing the academic arms race", *Psychology Today*, 30 August 2019.

共进设想，就是彻底废除学刊发文制度。学刊发文的同行评审表面上似乎很民主，因此也很共进，但实际上要独进得多。同行评审往往更像是守门人评审而不是民主，其更关注排他而不是传播。我更愿意削减守门人的权力。这可以包括自由共享所有研究成果，建立民主化评审过程来按权重评价，而不是以发表和拒绝来做出非有即无的评判。我们还可让更多的人分享经费，而不是让大家围着三两笔巨款争抢。我们可以让更多的人分享奖项，淡化"超级明星"文化的影响，减少对所谓"天才"的盲目崇拜。相反，我们可以共进地认可让众多的人做众多不同类型的有益研究，而不是推崇少数人，忽视大多数。

固执于排他是很多这类问题的根源。按照独进的理念，把人挡在门外就是高质量的标志，而开门让人进来就是在示弱。这来自研究与教学之间的虚假二元逻辑，即认为重要的是做出新突破，而不是让众人随你同行；而专家们则因为能做到别人做不到的事情而引以为傲。共进的研究环境则重视教学，同时也重视公众交流。共进的专家以帮助他人理解自己所做的事情为荣，而且深知不仅要教人专业和特长，而且还要教人爱学科，爱学习，爱好奇心。

共进的教育

我已经介绍过自己怎样打造出共进的课堂，让每个人都能为集体学习出力，让独进行为占不到上风。我很幸运能来到一家非常共进的单位，能在这所艺术学校任教。也许这是一种更适合共进的环境，因为艺术明显比其他专业更共进，但我觉得我们可以从中受到启发，看看怎样能让整个教育系统变得更共进。

独进的系统似乎是以评估来驱动的，所以，我们也许需要先从梦想一个共进的系统着手。艺术无关答案对错，测评方式更像是提供一份作品集而不是考试。相比数学或论文科目的作品集，艺术作品集也没那么多陷阱。网上花钱雇人给你作画不容易，但花钱请枪手给你写论文却不难。甚至还有在线服务，你可以付费给远在他国的数学博士生帮你写作业。

有一些更共进的评估制度不是论分数，而是以"标准"或"描述性指标"为基础。这种制度不是采用单一的排名，而是描述具体领域中的各方面的重要技能，其目的是要人们在各个方面都有所长。这鼓励我们思考教育要传授的是哪些技能，以培养这些方面的专长为目的，而不是以分数为目的。

这些技能可包括抽象技能，如提出逻辑论证并加以遵循和分析，明确表达思路，组织、评估和吸取新信息，建立不同情形之间的联系，提出多种不同的思路和观点，等等。

然后是具体的生活技能，如针对不同受众的语言、写作和交流，公开演讲，计算机编程，烹饪（及其他自我动手和手工技能），预算和投资，事实核查和新闻揭谎，历史意识和对其他文化的认知，等等。

我还想加上一些重要的人性技能，如善良、慷慨、自我意识、共情、倾听和认可，还有不伤人心。不可否认，这些技能反映了我对更加共进的渴望。特别开明的学校或开明的教育体制可能存在这样的因素，比如芬兰。我自己还有一堆人际交往的"小毛病"，我有时候真希望在学校就能解决这些问题：怎样控制说话音量，让听的人能听见，其他的人又听不见（包括学会调整声音和降低音量两个方面）？怎样避免在群发邮件中点击"回复所有"？怎样做到准时赴约和遵守时限？怎样在走过一道门的时候不让门在你身后的人进门前关上？

当然，这些梦想都太遥远，不可能一夜成真。然而，有一个小小领域，那是教育中的一环，但它能直接快速地受到影响，那就是任何形式的提问时间。

共进的提问时间

我以共进方式发展起来的一个特别领域是演讲后的提问时间。按常规是要求大家举手提问，然后按先到先得的原则点人提问。这样选人的过程很独进，而且让人当着观众大声提问这整个情形也是极端独进的。它不是邀人提出共进的问题（这类问题纯属出于好奇），而是鼓励独进的"表演"式问题，提问的是大胆独进的人，他们的目的又往往是向演讲人和在场众人展示自我标榜的优越性。一般而言，更有意义的探索性问题都是共进的人提出的。他们没有当众发言，而是在会后小声提问。

最终，我想出了一种共进的提问方式，既能中和独进，又不陷入单维的陷阱。在此之前，典型的提问时间模式是只有白人男性提问题。为了证明我没有犯确认偏误症：有一次，在奥克兰作家节（Waituhi o Tāmaki）上，人们在麦克风前排队提问。刚问了几个问题，一名白人男士就在观众席上嚷了起来："怎么所有问题都是白人男士提的？"

我已经试过要求第一个问题必须让女性提来应对这种情形，因为有研究表明，这会让其他女性在会议接下来的时间跟着提问。但当我真的试了，却惹怒了一名男士，他夺过麦克风，对着我连声嚷嚷了好几分钟。（后来麦克风被人拿走，但他还是喊个不停。）

这是"反向性别歧视"在提问时间的缩影。（虽然我强调，按性别歧视的现行定义，根本不存在性别歧视，无非是当权群体对非当权群体的鄙视。）如果摒弃视角的性别化，用这个新维度来想出共进版的提问时间，就不会有这么大的分裂了。比如说，可以让大家在便利贴或网络论坛上写出问题。但根据我的经验，这就像抗生素杀死的只是标准虫，留下的是抗药性最强的超级虫菌株：略微独进的人被中和了，真正独进的人却因为场地隐匿而更加胆大妄为，而人际交往中共进的一面也被消除，因为我无法看着提问者的眼睛，也无法直观地理解他们为什么会提这样的问题。这只会让独进能量在室内横冲直撞。

现在，我不再要求举手，而是邀请大家分别与周围的人进行讨论。我在教室走一圈，听听大家想要探讨什么问题，然后回到前台，与大家分享这些思路，顺便谈谈我的看法。这不仅让共进的人不再害怕而轻松参与，而且又中和了独进行为，因为当潜在的表演和逞能转化为人际交流时，独进行为会在不知不觉间消散。相比平常"独进"的提问时间，这又意味着与我互动的女性要多得多，因为平常我几乎见不到女性提问。有时候，观众席上的非男性人士只是想说很感谢我演讲的某个内容，而这换作平常是要被过滤掉的，尤其是在主持人一本正经地提醒观众"问题后面打问号"时。这本是防止独进者夸夸其谈的善意之举，但基本上只会让独进的夸夸其谈者先夸夸其谈一阵，谈完后来一句："……我的问题是：这事你想过没有？"而共进的致谢则无影无踪了。

共进的职场

我发现,与学术界相比,大多数工作领域可能更需要一些独进的结构。对此我们仍然可以心存梦想。晋升可能是必要的,因为人们会依次担负更多的责任。有一种让它更共进的方式,是多倡议,多指导,少逞能。我能在事业上成功,就是一路得到不同人士的大力帮助和支持,而不是自己逞能——至少我自认如此。(顺便提一下,所有助我职位晋升的人都是男性。)我们务必要保证这听起来不像关系网。夏洛特·斯威尼(Charlotte Sweeney)和弗勒尔·博特威克(Fleur Bothwick)在《包容性领导力》(*Inclusive Leadership*)一书中指出,形成了关系网后,事情很快就变得排他了;而只要被排斥的人聚合起来,效仿那些排他者,反过来排斥他人,就会形成这种恶性循环。

同样重要的是,这可不是那种随性而来的"姊妹情"。女性的群体也可能会让某些女性反感,而且还可能貌似排斥男性。同样,她们也往往会忽视交叉性,结果自己内部又形成了新的等级,异性恋、中产、身强力壮的白人女性傲居最高一等,对着所有其他女性颐指气使。与之相反，我们可以为共进的人和有志于共进的人建立起共进的群体。

共进的职场还有一个优势是机动灵活，让人人都能各尽其能地工作，而不是按强加的结构循规守矩。这能更好地博采众长，就像斯蒂芬妮·雪莉女爵士那样。在我体制化的学术生涯中，让每个人"各自发挥优势"被看作不公平的事。

米歇尔·奥巴马在《成为》中回忆了自己是怎样努力扭转律所性别不平等的情况的。那家律所雇用的员工主要是男性和白人。她不得不说服招聘团队打破名牌大学和考试成绩这类常规指标，综合考虑人才背景，了解他们是依仗了特权还是从艰难起点自我成长的。现在，我想说这是摈弃独进的用人思维，是共进的用人思维。

行业不同，具体的领域也不同，它们的特点也天差地别。除了数学和教育领域，我还十分熟悉另一个行业，那就是音乐。

音乐

音乐和创意艺术基本上都是共进的,因为它们都关乎创作,无关对错。当音乐家聚在一起集体创作乐曲时,他们不是要打败对方,而是要共同创作美妙的乐曲,这需要人人出力,相互支持。

遗憾的是,音乐是世界上又一个已变得相当独进的行业,充斥着竞赛、紧张的试演、上台表演压力、评论家的独进评判、奖金、超级明星崇拜。音乐大赛用只有一人获奖来制造稀缺性。只要哪项大赛打破陈规,让每个人得奖,就有人发出独进的指责,说"人人得奖"理念太可笑,培养不出俊才。竞赛出俊才的想法是独进的。越是在竞争环境下成就更大的人就越独进。竞争的压力就意味着你必须具备情绪上的定力才能承受。而且,如阿尔菲·科恩在《没有竞争》中指出的,这与细腻演绎音乐需要的定力恰恰相反。

相比之下,认为支持和合作氛围效果更好的,则属于共进的观念,而共进的人在这种氛围下就可能成就更大。我发现,芝加哥有一个主动共进的音乐组织叫作

Liederstube，专门演唱古典歌曲。那里没有准入门槛，谁都可以来唱歌，谁都可以来听歌，演员与听众之间没有界限。大家一起坐在舒适的房间里，气氛不像音乐会，更像是开派对；不像是表演（那是独进的），更像是分享大家喜爱的音乐（那是共进的）；不强调完美和正确（那是独进的），彻底消除了上台表演的压力，能唱出更加感人的音乐。但它的效率更高，因为在准备演出时，很大一部分的精力是投入在承受压力上的。

这样一来，只需要付出筹备正式音乐会十分之一的努力，就能演唱出同样出色的音乐，只不过我们多唱错几个音符而已。无论如何，在意唱错音符也是相当独进的，更共进的做法是关心我们传达的情感，与屋内所有人共享音乐。我喜欢共进版，觉得它能把一部分被其独进氛围（及票价）吓跑的人吸引到古典音乐的世界。

我希望能举办这样的"试演"，这不像是比赛，更像是在一个纯粹、共进的音乐创作环境下相识相知。作为音乐工作者，我们仍然发现彼此需要了解什么，尽管所需的时间略长一点，但能共进地筛选出哪些东西应该是共进的。

我邀请并敦促各位想想生活中的其他方面，它们有多么独进？又会独进到哪种程度？如果变得共进一些会有哪些好处？然后，我敦促各位想想怎样能推动它们向更共进的行为靠拢？这不是非得在庞大的结构中实现的，比如行业整体；而是可以从我们人际交流的结构中入手，比如我们与他人之间的讨论中。

共进的讨论

讨论属于一种小型的社会结构形式，最小的是只有两人的对话，甚至是自己与自己对话。有太多的讨论其实都是争辩，目的是显得高人一等或占上风。而共进的讨论则是建立人与人之间的联系，增进理解。也许女性更倾向于多做共进的讨论，所以女性之间的友情更深长。当然，像这样提性别难免太分裂了，所以最好是说共进行为培养的友情更深长，人人都能学习。（我已在附录中提出了几条具体建议。）

遗憾的是，随着我们普遍痴迷于比赛和"赢"，我们对输赢之争也特别上瘾。事实上，在我上一本书《逻辑的艺术》出版后，记者采访我的标题往往都带有"抽象数学帮助我们赢得争辩"的意思，尽管我在书中有一个主要观点，就是相互理解比"赢"更有效果。

独进的争辩在辩论社、竞选和新闻节目政治时段的正式辩论中比比皆是。政治家在电视广播中接受采访时也常常相互攻击。但我总是发现，在整个过程中，我看不出政治家们都在想什么，为什么这么想。另外，政治家们很少被质疑立场问题。假如要求他们打开话题，深度阐述个人立场，而不是急不可耐地抵御记者的尖锐攻击，恐怕就是另一种局面了。

非政治类访谈则不以攻击性为基本原则，采用的方法往往更共进。如果某位科学家实现了有新闻价值的突破，采访记者目的就更显然是让科学家向大家解释一番（尽管记者不是科学专家，对科学的奥秘之处也免不了问一嘴"这到底有什么意义"）。

如果我们也来个共进的政治访谈会怎样呢？也许我们会了解更多，而且还会对我们的政治家提出更多的疑问，而不是任由他们一遍遍重复同样的套话，或者完全答非所问地来回避问题。

如果日常生活中也开展共进的讨论，而不是一味沉迷于不利进步的、分裂的、独进的讨论，我们就能够了解更多的东西。比如说，一旦人们在讨论中争先恐后地证明自己是"最受压迫的"，关于压迫的"奥运会"就会开演。在身份政治的环境下，似乎只有全屋最受压迫的人才有资格拥有所谓正确的感受，因为其他人都算作"特权阶层"。这有时候被当作一种论证，以表明身份政治于事无补。但我觉得它表明的不过是**独进的**身份政治于事无补。如果我们承认人人都有特权，人人都有不幸，人人都与他人相关，我们就能共进地合作，减少**所有**压迫，而不会转移重点去开压迫"奥运会"。

　　在独进的论证过程中，我很少看见谁能说服谁。我们可以重新训练自己，不追求打败别人，而是寻求增强理解，让论证更加共进。此时的你会突然发现，在知道自己错了之后不再介怀，而且对事物的认识更深刻了。格里高利是我认识的最共进的人，我从他身上了解到共进的论证。与他之间的讨论永远是发现真理而不是孰对孰错。我总能从这些讨论中学到东西，从不厌烦，并感到取得了进步。女性与较为独进的人恐怕难以交往，因为社会上仍然固守着性别化的假设，谁负责"专家"一角早有定论。身为女性的我却做了数学家，这仍然时常让男性如此不安，以至于立即开始各种贬损。有时候为了心理健康，我懒得与他们计较；有时候我能集中精力采用共进的视角，再来一段更有成效的讨论，尽量理解他们的不安来自何处。如此，一旦消除了独进的干扰，他们也理解了更多。

请记住，独进的干扰只会让掌权的人（目前以男性为主）受益，只会加剧对女性和他人的压迫。竞争阻碍合作，独进会阻挡我们共进地合作来改变权力结构。表面看来，个人在这种情况下难以作为，但我有一个鼓舞人心的故事，讲的是一位女性如何从小事做起，引发了波澜壮阔的共进变革。

恢复性司法与惩罚性司法

《成为伯顿女士》（*Becoming Ms Burton*）是传奇女性苏珊·伯顿（Susan Burton）的个人回忆录，讲述了自己如何从囚徒成为社会活动家，将女性从体制性种族主义的刑事司法系统中解救出来的传奇经历。她本人就曾几进几出，在监狱里度过了十多年的时光。

早年的她经历了接二连三的悲惨遭遇，童年和少年时代饱受虐待甚至被强奸，像美国无数黑人一样陷入越来越困难的境地，没有人关心他们，有的只是无处不在的压榨。警察将她5岁的儿子撞死后逃逸了，那时恰逢快克可卡因大战刚刚开始在洛杉矶肆虐，悲痛之余的她很快染上了毒瘾。接下来的14年，她因为吸毒而数度入狱和出狱，成为司法系统的受害者——这个系统要的只是惩罚像她这样的女人，而不是帮助她们。

最终，她借助于一项住家戒毒计划获得了自由，开始竭尽全力帮助他人，先是以工作人员的身份孤身作战，后来又创办了小型慈善机构"新生活方式"，为刑满释放的妇女提供住所，帮助她们自我救助。刚开始时规模很小，

1998年时她只有一所供10人居住的房子。后来其规模越做越大,根据该机构网站介绍,迄今它帮助的妇女已达1000多人,包括帮助300多名妇女与子女团聚。[1]

她用生动的事实声讨体制的不公,说它不过是把需要帮助的人拘押起来,即便是从经济的角度看这也是毫无意义的。她指出,每监禁1人1年的时间,耗费的纳税人税款就高达6万美元,相当于名牌大学一年的学费。这曾引发过"是耶鲁,不是监狱"的口号。"新生活方式"的服务成本只有监禁成本的三分之一。

监禁带来的常常是更多的监禁,因为人们会陷入怪圈,越来越难以挣脱。她说:"监狱根本就没有戒掉我的毒瘾。教育、勤劳、奉献、支持系统、知道自己还有救、知道自己的生命还有价值,这才是扭转我人生的全部因素。"真正起作用的不是独进的惩罚性司法,而是共进的恢复性司法。

有人不论青红皂白,说什么你要是不犯罪,就根本不会陷入这个怪圈。然而,伯顿女士的书旗帜鲜明地指出司

---

[1] http://anewwayoflife.org/what·we·do/ (p227)

法的双轨制：对于同样轻微的违法行为，白人和黑人有着两套待遇。另外，被监禁的妇女中有85%的人都受过肉体伤害或性虐待，而这些妇女"大多是黑人和穷人"。很多人都是在身处绝境时染上的毒瘾，饱受毒贩的操纵和压榨，但到了司法眼里，她们是施害人，而不是受害人。

更共进的观点则是，如果我们最开始就向人们提供更多的帮助，就能更有效地减少犯罪；同样是减少问题，帮助和恢复比惩罚的效果好得多。这貌似是对未来乌托邦的天真梦想，但共进的社会结构已经存在多年，只不过不是在白人的资本主义社会而已。

美国原住民文化

美国原住民作家保拉·冈恩·艾伦（Paula Gunn Allen）在《神环》（*Sacred Ring*）中描述了部落里的社会结构，那是被白人殖民侵略者蓄意破坏的社会结构。她笔下的部落社会提倡人人平等，他们举办活动和仪式时不像白人（基督教）社会那样分三六九等，而是每件事物都与其他事物和谐统一地联系在一起。她甚至写到传统战争"不是为了征服或战胜敌人",而是一种仪式,用来吸引超自然力量的注意。

她描写了保罗·勒让(Paul Le Jeune)带领耶稣会士让蒙塔尼亚人皈依基督教:"如果他们不相互施行暴政,不在对方的手中体验暴政,又怎么能理解暴政、服从暴政?"勒让决心转变这些人的思想,他们"不惩罚孩子,鼓励妇女自立自主,敬畏自然的威权";他们不相信那些自以为高高在上的人,这纯粹是共进的价值观。她描写了部落500年来的殖民发展历程,从人人平等的母系社会一步步走向欧洲等级分明的父权制。在我眼中,这就是从共进走向了独进。

艾伦写道:"在父权制下,男人获得权力的前提是其用权必须符合威权的惩罚性模式。"在我眼中,这可以引申为:在独进的国家,获得权力的前提是用权必须符合独进的模式。如前所述,这鼓励了所有性别的人在这个独进的社会要尽可能独进,或者说它导致了那些不想独进的人要么放弃,甘心做个无权的老百姓,要么攀附权贵,借他人的独进权力谋取他利(比如嫁给有权有势的人)。但艾伦用事实证明，在白人殖民者入侵之前根本不是这样。由此看来，共进的社会并不是我们需要创立的新制度，而是我们需要恢复的旧制度。

共进的民主

欧洲殖民者将独进权力的社会结构传遍世界各地。民主就是我们与这些结构交互的基本方式。当然，无论哪种形式的民主都比独裁共进一些，但不同的地区有不同的民主类型，其中也有细微的独进与共进的差别，无论是民主制度的运作方式，还是政治家选举的竞选程序。我觉得我们的权力机制仍然以独进为主。当然，全世界的政治领域很大程度仍然是男性一统天下，因此，这又是一个可以用更共进的方式改变现状的领域。这意味着什么呢？

说到民主的制度，直接选举总统（如在美国）要独进得多。而在英国等其他制度下，哪个党的席位最多，就由哪个党的领袖担任政府首脑。英国的首任女首相和德国的首任女总理都比美国女总统的出现早得多，也许就是这个原因吧！[1] 但我更想说，这其实也让选出共进的领导人更加困难。

无论哪种制度，竞选变得越来越独进都是不争的事实。诚然，真实的竞争的确存在，因为选举的人数有限制，所以候选人稀缺也是事实。然而，纵观世界各地不同的体制和不同的历史时期，这种竞选过程多少也有一些共进的方式。

在美国以外，有些国家的选举过程要共进一些，比如英国的竞选经费就受法律限制，不良竞选不那么常见（虽然各个地区的状况似乎都越来越差了）。竞选辩论也变得极为独进。有一段视频记录了1980年共和党人乔治·布什与罗纳德·里根之间的美国初选辩论，我们至今仍能看到。两人意见基本一致，都希望对墨西哥移民采取同情政策。这种彬彬有礼、富有同情的共识在今天是不可想象的，尤其是在这个话题上。[2]

两党制是独进的另一个体现，比如"简单多数"（EPTP）

---

[1] See, for example, Zack Beauchamp, "The US has a female presidential nominee for the first time. Here's why it took so long", *Vox*, 26 July 2016.

[2] See, for example, https: //www. youtube. com/watch? v=YsmgPp_ nlok.

票选制的别称是"赢者通吃"制,这名字让它听起来更独进。事实上,由于简单多数票选制削弱了小党派的影响力,所以往往造成事实上的两党制。其之所以独进是因为它基本上就像是零和游戏:要想多得票,就得让别人少得票(除非你能有本事鼓动一大批之前漠不关心的人投你一票)。

投票选举制是经过实践检验的例子,表明更共进的结构能从不同方向影响人们的行为。这也是我认为应该全面推广的模式。

相比"赢家通吃"制,还有更加共进的选举模式,如比例代表制、多轮投票制或排序复选制。在这些制度下,小党派的选票不会被大肆浪费,因为选票仍然能被计入一定比例的席位;在多轮投票制下,被淘汰候选人的选票会根据选民的排序重新分配。有一种共进的选举制度已经在世界上的部分地区使用,名为"偏好排序投票制",亦称"可转移单票制"、"排名复选制"或"即时决选制"。这种制度的原则是,如果候选人很多,就像多轮淘汰赛一样淘汰第一选择得票最少的人,然后大家重新投票。为避免人人重复投票的烦琐,许可选民在选票上按自己的选择顺序排序。如果选民的首选人被淘汰,则选票可重新分配给他们的下一个选择。这种淘汰候选人再重新分配选票的步骤不断重复，直到有人获得多数票为止。

有人本着独进的理由反对排序复选制，认为它是"赢者未必赢"。然而，这种说法站不住脚，除非你定义的赢者是第一选择得票最多的人。所以，当独进的人说"赢者未必赢"的时候，他们真正反对的是"赢者通吃"与排序复选产生的结果会有不同，这才是症结所在。

由于当前的制度给予特定党派的权力过大，所以很难看出如何能做出上述任何的共进制度转变。那些党派手握大权且受益于现状，所以我们更难看出如何改变现状，只能慢慢影响更多的人向共进靠拢，去相信共进的结构。美国有些地区已经成功采纳了这种选举制度，如旧金山、明尼阿波利斯，纽约市也在本书撰写期间加入进来。缅因州的情况相当有趣：排序复选貌似被一举通过，原因之一是州长保罗·勒佩奇（Paul LePage）连续两次以远低于半数的选票当选。他似乎曾自诩为"特朗普成名之前的特朗普"[1]，而多数的温和派选票被一名民主党人和一名无党

---

[1] Katharine Q. Seelye, "Paul LePage was saying whatever he wanted before that was a thing", *New York Times*, 13 August 2018.

派人士瓜分。其实很显然，缅因州的选民们越支持特朗普，就越不支持"排序复选制"。[1]

但是，支持共进的体制，不应该只是想要某个特定的人获胜，不是要结果如你所愿，而是相信制度越共进，越能代表人民的心声。话虽如此，如果独进的人只是为了一己之私才支持这个制度，就该让他们看到，不仅对手的选票要被瓜分，他们自己的选票也要被瓜分。英国 2011 年的全民公投否决了这种选举改革（以悬殊的票数差距），但 2019 年大选的政治气候又表明，左翼和右翼的选票似乎都有可能被瓜分。右翼的选票是在保守党和脱欧党之间瓜分，左翼的选票则是在工党和自由民主党之间瓜分。然而，最终保守党不仅没有因为瓜分选票而受到多大的影响，反而大获全胜。由此，各方又一次失去了为自己的利益而支持更共进制度的机会。

除了投票选举制和政党制外，现代政治的整体对立风格可以说是解决一切问题的绊脚石。在一个奖励对立的体

---

[1] Joseph Anthony, "Ranked‑choice voting is a partisan affair in Maine", *Bangor Daily News*, 24 September 2019.

制下说服人们少些对立恐怕是徒劳的，所以，关键在于转变体制，使它不再奖励这种行为。同样，这样还可以创建共进的结构来培养而不是强迫共进的行为。

这是排序复选制的另一个潜在优势：鼓励少一些争斗和党派战争，因为候选人需要拉拢对手的支持者，争取第二选择的选票。这类制度也增加了一些小党派联合起来实现目标的机会。而更加共进的制度则是开展"制宪会议、跨党派论坛和公民大会"来作为国会的补充。[1] 在我看来，这就是一种更共进的治国之道。当然，问题在于怎样改变现状来实现它。

改变现状

如果旧体制让人们过得特别好，人们必然会反对改变现状，就好比一个政党受益于"赢家通吃"的选举制度，

---

1 John Coakley, "Brexit has nearly broken British politics. Here's how to fix it", *Guardian*, 30 March 2019.

就必然不愿改变它。当人们享有过大权时，也会反对权力被剥夺。

但令人奇怪的是，我至今还没有遇到哪位男性直接反对独进和共进行为，他们反而表现出极大的热心支持，有时甚至是欣然接受。在我看来，这再次证明了摆脱性别化论证的好处。当然，也可能是因为我没有接触过很多大权在握的男性吧！然而，我遇到过女性对此持反对意见，她们都是靠学着效仿独进行为而大获成功的。也许她们没有想象过另一种可能，或者是害怕在新结构下过得不如现在好吧！

支持现状的显然是现行制度下的赢家（这样的人不多），但遗憾的是，支持现状的还有那些坚信自己能赢，而且很快就会赢的人。也许这就是"美国梦"的一个基本特点，认为（或者说是梦想）在这种结构下，人人都能崛起，甚至一路直达巅峰。一边让人们相信自己即将崛起，一边让他们久处下尘，以这种方式来维持权力，有百害而无一利。

遗憾的是，那些自认会赢的人，大多是在自欺欺人，就像嗜赌成性的赌徒，因为多数人在独进的环境下都赢不了，而赢家却从那些不断幻想能赢的人身上得到好处。赌场赌博的时候，真正的赢家是赌场本身，赌场靠赌棍笃信自己能赢而赚得盆满钵满，而唯一能保证赢的方法是离开赌场，另谋他业，除非你是个世界级的扑克玩家。

我觉得，建立在共进价值观上的新方法，能更好地造福于整个社会，包括男性、女性、受压迫的少数群体；只是对那些目前大权在握、想要死死抓住权力不放的人没什么好处。同时要记住，还有一些与此无关的问题需要我们去应对，包括明显基于性别、种族和其他身份的偏见问题。但重点是，要将这些问题与我们贯穿全书的性格问题区分开来。

无论能不能改变性别不平等，我相信这是有利于社会的、包容和公平的合理方法。但我也真心认定，创建更共进的系统和结构，能更好地解决性别不平等问题，减少分裂性对话。这是我共进的女性主义梦想。

"打倒父权制！"是某些女性主义派系独进的战斗口号。我更愿意多说一些共进的、少一些分裂的话语：让我们将世界转变成以共进为导向的未来。让我们奖励、鼓励和培养共进的行为，创建共进的结构。与此同时，让我们停止制造独进结构，如非必要竞争和人为的零和博弈，停止用独进的指标选拔共进的职位。

我觉得这是一个隐性的女性主义目标。独进的结构和我们独进的态度是在延续偏重男性的权力结构，所以我相信，凡是为了瓦解这种结构所做的事情，都属于女性主义行动。就像偏见可以专门因为性别而显性地针对女性，或通过无意识的联想或结构问题而隐性地针对女性，我觉得瓦解偏见也能够是显性的或隐性的。

显性地瓦解性别偏见是转变那些一维性别化思维线上结构，这仍然是瓦解显性性别歧视的重要一环，但解决不了系统内的间接和结构性偏见。

我相信，有了独进的和共进的特征这个新维度，我们能克服单一性别维度所无法解决的问题。我觉得，这样才能应对来自将性格与性别挂钩的隐性偏见和来自偏重独进行为的直接偏见，而且还能在一定程度上影响显性偏见，因为这样才能让人摆脱一维的性别化思维，更清晰地思考自己想要对社会做什么。只要每个人都摆脱了那种思维，就能既减少隐性偏见，又减少显性偏见。

如果事事都偏重独进的人，那共进的人就很难改变权力的不平等，但我们可以彼此合作，相互支持，用共进的方式实现转变。这不同于随性而来的"姊妹情"，不像有些女性主义者所说的，所有女人都有这种姊妹情，那本身就具有分裂性。因为某人"是女性"，就想为她做点什么，那种想法很分裂。现在我们可以改成：为某人做某事是因为他们很共进。用一定的方式帮助共进的人，不仅是公平的，而且还会给所有人带来巨大的福利。

如果不向共进的人给予他们所需**且应得**的外部认可，就可能让各种共进的人得不到继续深造、读研、从事研究、获得高级职位和晋升的机会。由此，我们把所有这些机会全部留给了那些独进的人，他们没有才干却自命不凡，到了工作岗位上又技不如人，不肯进步，也难以发展。

我希望我们大家团结起来，一起想出更多的共进制度，为社会造福。我们特别希望那些有一定权力和影响力的人行动起来，包括教师，尤其是传统上相对独进的专业，如科学和数学。我们需要更多的人喜欢传统上共进的专业，如创意艺术。

我们需要企业经营者和用人单位行动起来，想出办法让企业变得更加共进，如果他们相信包容，相信博采众长的话。我们更需要养儿育女的父母行动起来，从孩子小时候做起，让下一代少些独进。我们还可以请一些学者从心理学的视角，从社会学的视角，从其他视角开展正式的课题研究。

你可能要说我的共进乌托邦不过是天真的梦想，不可能成真。好吧，我总是说，如果我们宣称办不到某件事，那就会变成自我验证的预言。试一试不会有多大损失，而如果不试，又会对谁有好处呢？得到好处最多的人就是当前掌权的人。正如阿尔菲·科恩所说："我更愿意看到怀疑现状，而不是为现状卖力的人。"杰莎·克里斯平提醒我们："摆脱主流文化的价值体系和目标，永远是一项庞大而烦琐的行动"。

我们不是非要一口气改变整个世界不可，我们也不是要一口气把大事小事全做完。我们可以从小事做起，从自己做起，在日常生活和人际交往中一点点改变。我们可以改变讨论问题的方式，我们甚至可以单纯停止使用隐性独进的语言，比如用"好斗"一词表示"好"，用"太牛了"之类的俚语作为褒奖之词。我们可以鼓励身边的人采取共进行为，一旦遇到独进能量，就练习中和它。

然后，我们就可以将之推广到小型的乌托邦微缩世界，就像我的共进课堂和音乐沙龙。这可以包括家庭单元（如菲利帕·佩里建议的那样）、朋友群组、俱乐部、小型组织和公司。再往后，我们可以将其进一步推广到更大的机构和企业、中小学和高等院校，再逐步发展到社会结构，如整个行业、竞选程序和民主制度。我们先迈出一小步，将视角从性别维度略微移开。我们从几个案例研究开始，从几个榜样开始。我相信我们能够逐步将共进的理念传播到世界上的每个角落。

沿着独进和共进的维度思考，能让我们厘清思路，解决具体问题，正如一种好理论所能做的那样。事实上，我觉得这种方式让我从根本上明白了自己该怎样生活，怎样为世界做贡献，怎样成为优秀的女性主义者，竭力去改变权力结构，同时仍然认同个人的感受，认识到个人享受优势、承受劣势的各种其他维度。

我觉得，这里的关键不外乎我们的人性本身。我们作为人类所具有的一个主要特征，是具有共进的沟通和合作能力。是这种能力让我们形成了这么大的社会，取得了这么大的进步，这是其他动物无法比拟的。但是，人类还有一个不同于其他动物的重大特征是独进,我们奴役他人(以及其他动物),利用他(它)们,把自己的意志强加给他(它)们。

这不是竞争。但是,如果只有一种竞争,那也许就是人性中独进力量与共进力量的较量。我希望我们会选择共进,以共进的姿态共同努力,为所有人创建更加美好的未来。

附录

怎样变得更共进

以下是关于在日常生活中怎样变得更共进的一些实用建议。我们可以把它当作共进的个人练习，供那些想要告别独进、学会共进的人借鉴。其中大多是练习逐步转移重点，而不是（独进地）猛然转变所有行为。记住，共进的方法是不断练习，而不是直奔某个具体目标；是承认这不是一蹴而就的，而是一个持续的过程。一次不成功不等于失败，真正的失败是试都不试。如果你好歹尝试了，那么无论成功还是失败，你都能积累更多的案例供今后参考。

寻找人与人、环境与环境的共性而不是差异

这就好比努力寻求与他人共情，而不是显示自己多么与众不同。这可能是在听到他人述说自己经历、品位、梦想或所受的困扰后的回应。记住，这不是竞赛。如果有人讲到自己遇到的糟心事，可别说你也有过类似经历而且更糟来表达"同情"，这样做就不太共进了。对特别糟糕的事表达同情是个"技术活"：如果对方觉得自己经历的事情再可怕不过了，而你说你能理解，那就是在否定他的感受。所以，尽量认同他人的感受是共进行为的一大特点，这就要求我们学会换位思考，分辨他们是想知道自己的经历独一无二，还是想知晓自己的遭遇是普遍性的。比如说在物流不通时，如果知道整个社会都是如此，就会让人心境平和；如果感觉其他人都没遇到这种事，就会感到孤立无援。更何况，如果人人都为同样的事情烦恼，就更有可能做出改变。

支持他人而不是忠告他人，除非他们特意寻求忠告

主动忠告他人是独进的行为，因为这是假定自己比别人高明。你自以为是地认定比对方更了解发生的事，又假定你提出的建议是别人没想到的。同时，这还是假定他们是在寻找解决的办法，而且办法的确有，但这可能会有反证他们的问题不真实的危险。也许他们真正寻找的是同情以及认可这个问题的确让人烦恼、沮丧或不安。如果你在这种情况下忠告他们，他们很可能心生反感，告诉你这为什么行不通，或者说他们已经试过了，然后更强烈地表达自己的感觉有多糟。这就像伊索寓言中的太阳和风，风刮得越大，那人的外套就裹得越紧；太阳照得越暖，反而会让人把外套脱掉。

你可能觉得自己是个解决问题的能手，而且你是真心想为那人解决问题。有一种方法你可以尝试用来说服自己（或一位独进的朋友）去支持而不是忠告：观察对方描述的问题是不是需要解决的真正问题，真正的"问题"是不

是他想要得到认可。所以，如果你真的想帮忙解决问题，那么表示同情和认可就是解决问题的灵丹妙药。

如果你真的认为自己能帮上忙，那么一种共进的帮忙方式是说："想不想听听是什么帮我解决了问题的？"如果对方说不想听，就立马打住。说到底，共进的方法就是帮助别人自己解决问题，而不是贸然介入，认为你能帮他们搞定。

打造双赢局面

世界上有太多的零和局面，而且往往并不必要。正如前文所述，人为的稀缺会导致不必要的竞争。就算我们无法控制大的结构性层面，也能就人际关系的层面做出改变。

阿尔菲·科恩还阐述过更为抽象的稀缺形式，包括"互斥式目标实现"的人际关系局面，即每个参与方只有阻止其他参与方实现目标，才能实现自己的目标。这种局面是独进的，往往在操纵性或虐待性关系中发生，施虐的一方蓄意制造零和游戏，让对方相信只有伤害自己才能让同伴快乐。

为了做到更共进，我们可以打造达到双赢式目标实现的环境。就连寻常的对话也可以是双赢的，因为对话往往会不必要地变成零和游戏，而使"说对"成为一种有限的资源。如果对话是为了增进理解，那么与教育一样，它的资源不是有限资源。事实上，如果人人相互合作，共同努力，而不是阻止他人的努力，就能进一步加深理解。我们的游戏不再是零和的，而是"整体大于部分之和"；不再是非赢必输的，而是共进的双赢局面。其他的双赢局面还包括在各种关系（恋爱关系，职业关系或单纯的朋友关系）中扬长避短，让所有人都发挥一技之长。

更妙的是，我们可以抵制并主动瓦解他人制造的零和局面。这可能貌似独进，但也有共进的方法能做到。有时候我会说服自己，每化解一次独进局面，我都是在帮助这个世界。我还提醒自己，零和局面原本就不是我的错，所以抵制它也不必被视为我的错。

采取宽仁原则

宽仁就是用宽厚的心态诠释他人的观点,而不是富有敌意地断章取义。后者通常会引发稻草人谬论。采取宽仁原则,就是努力理解他人的真正意思,而不是贸然打断对方,迫不及待地证明他们错了。与其指出人们错在哪里,不如想想他们对在哪里。

比如,如果你的伴侣说:"你从来没有洗过衣服!"你可能会立马指出,3个月前有一次,你的伴侣生病在床的时候,你就洗过衣服。这个反应太独进了!换做共进的反应,你可以观察对方可能并不是说你严格意义上从来不洗衣服,而是你难得洗一次,让他(她)心生不满。这时候你就会想,要不要多洗几次衣服,让他(她)心里好受些。

每当有人发表激怒你的言论,你也可以将之用于练习共进。这可能发生在双方对偏见和压迫持不同见解的时候。如果某人对"男性"和"白人"愤愤然,请试着理解他们不一定是指所有的男性和白人,而是指其所植根于社会的结构,再思考一下你从男性和白人手握大权中看到了哪些真相。如果和你讨论的一方在某些方面比你弱势,这种理解就非常重要。另一方面，如果你是表达不满的弱势一方，而男性或白人（或白人男性）因为你"反过来歧视他们"而光火，你可以共进地试着想想他们为什么这样生气：可能单纯出于恐惧，自私地害怕如果人人都被公平对待，他们自己就得不到公平了。但是，如果你有精力，就看看能不能确定他们为什么不满，是不是感觉自己被排除在社会权力之外，或是出于社会地位、财富、性别和其他原因。

共进的角色扮演

下面列举人们对我说过的几条独进话语，以及我想到的三种回应，具体模式见第六章末尾的图示。如果你在和他人交流后懊悔不该那么做时，就不妨试试这样回应。练习得越多，就越容易慢下性子，到了面对面交流时也更易做出共进的回应。

"典型的女人！"
独进　典型的男人！

被动　[沉默]

共进　这有点儿伤人啊。

"你相信逻辑，真是好可爱啊！"

独进　你连逻辑的概念都搞不清，太糟了。

被动　哎，我想自己还是挺乐观的。

共进　你这话什么意思啊？

"女人只讲虚荣。"

独进　哼！男人都是白痴。多照镜子看看自己吧！

被动　不对，我们才不虚荣啦。

共进　这有点瞧不起人吧？

"你不太科学，对吧？"

独进　五十步笑百步。你有多久没发表科研论文了？

被动　我可是最科学的了。

共进　你不赞同我论证中的哪部分内容呢？

"恭贺你！挣那么点钱还不如不做算了。"

独进　对呀！跟你一样事业不顺。

被动　可总比啥也不做好吧！

共进　你是想从侧面鼓励我吧？

"总有一天你会学会的。"

独进　总有一天你要退休的。

被动　可能吧。

共进　你觉得我会学到什么呢？

"这么做事可不行。"

独进　哼！难怪这不是人待的地方。

被动　哦，对不起。

共进　我很想知道为什么。

"你凭什么觉得自己很成功？"

独进　典型的男人！哎，我可不像你那么没安全感。

被动　我觉得自己挺成功的啊。

共进　您觉得成功的模式只有一种吗？

后　记

2020年3月，新冠疫情封城一周后，我亲爱的朋友阿玛雅（Amaia）告诉我一个惊人的消息。身为诗人、乐天派和崇尚自然的人，她努力在这场全球危机中寻找希望，却发现了一件意想不到的事情——一幅危机过后社会变革的生动图景，这是一群肯尼亚草原狒狒，它们是罗伯特·萨波尔克西（Robert Sapolksy）和丽莎·谢尔（Lisa Share）的研究对象。[1]

娜塔莉·安吉尔（Natalie Angier）发文介绍了这项研究，同时提出了危机能带来积极变化的观点："诡异的台风助力了忽必烈汗蒙古帝国的崩溃，而14世纪的黑死病

---

[1] Sapolsky, R. M., Share, L. J., (2004) "A Pacific Culture among Wild Baboons: Its Emergence and Transmission", PLoS Biol 2(4): e106.

却瓦解了中世纪的神权统治，让文艺复兴大放异彩。"[1]举一个现代的例子：尽管二战是一场绝不能重演的残暴战争，但二战期间的女性却展示了全面参与社会劳动的价值，让社会刮目相看，至少转变了一些陈规旧俗。

简而言之，狒狒的故事就是发生在一代的时间里，等级森严的攻击型狒狒社会转就变成了和平的培养型社会。变革的催化剂是一场危机，有半数雄狒狒因染上肺结核而丧命，更糟糕的是，死亡的都是攻击性最强的雄性首领：之前它们为争夺垃圾场食物与邻近部落打了一场。只有几个统治力最强的雄狒狒在争斗中站住了脚，抢到了食物，没想到食物是被肺结核病毒污染了的。

幸存下来的社会只剩下之前处于从属地位的雄狒狒、雌狒狒和幼崽。萨波尔克西和谢尔描述了这个社会转变后的情形，而我则把它叫作共进的社会。奇异的是，直到幸免于难的雄狒狒死亡，外面新来的雄狒狒加入进来之时，这个狒狒群仍然保持了共进的特点，而新来的雄狒狒也从

---

[1] "No Time for Bullies: Baboons Retool Their Culture", Natalie Angier, *The New York Times*, 13 April, 2004.

老成员中学到了共进行为。研究者发现，虽然社会仍然等级森严，但已不那么强硬，占统治地位的雄狒狒也不那么轻易动手欺负从属的雄狒狒及雌狒狒，而且出现了越来越多的"亲和"行为，比如相互梳毛建立感情。这种新型的共进群落有利于大家减轻压力，同时也不会影响它们的集体生存能力。

我绝不是在说我们都希望来一场流行病，灭杀全世界所有独进的人。但是，在面对危机时，也许我们能像狒狒群一样，来一场文化转型，告别等级化、性别化的独进文化，走向包容、共进的美好未来。

2020年全球疫情告诉我们，在有些情况下，传统上备受推崇的独进行为，从好的来说是起不了作用，从坏的来说是夺人性命。冒险和不服从隔离指令只会加剧病原传播。篮球运动员鲁迪·戈贝尔（Rudy Gobert）公然藐视风险，在新闻发布会上触碰了所有麦克风，结果成为第一个检测结果为阳性的NBA球员，使赛季临时终止。惯常虚张声势的政治家们发现，你可以在人类敌人面前装腔作势，但到了病毒面前就只能一筹莫展。随着一个接一个产业相继关门，随着无数人被切断收入来源，就连右翼保守派也承认人们需要政府的帮助,甚至可能是发放全民基本收入来活命,尽管只是临时的。两周前连左翼都讽为乌托邦的共进政策,现在又被右翼提出来作应急之举。

从个人的角度看,我们这些困于家中的人却在寻找更多的分享方式,来交流思想、技能、专长,还有我们的艺术。艺术机构纷纷开放数字档案,播放免费音乐会,制作虚拟导览。有的人在囤积卫生纸,有的人在手工缝制口罩,纷纷捐给物资极度匮乏、因病人大量涌入而不堪重负的医院。

也许在你读到这本书时,一切都已结束了,我当然希望如此。我希望在你读到这本书时,我们不再被隔离在自己家里,我们又开始一起吃喝,又开始去听音乐会,看画展,逛实体书店。但我也希望我们没有忘记像这样向共进的略微倾斜,像我开始看到的那样。我希望我们已经走得更远,已经认识到这些想法不会只出现在危急关头,甚至在岁月静好的时候,我们也能共进地思考和行动,让生活更加美好。

鸣 谢

相比上一本书，本书经历的旅程更长、更艰难，沿路得到无数人的鼎力相助。他们用自己的洞见、智慧、经验、支持和鼓舞我一路前行。

首先，我要感谢安德鲁·富兰克林（Andrew Franklin）及Profile Books出版社的全体人员，感谢他们一直以来对我深度共进的支持。衷心感谢劳拉·海默特（Lara Heimert）、TJ.凯莱赫（TJ Kelleher）及Basic Books出版社的全体人员。我特别感谢大西洋两岸的出版社，在我不断突破认知极限时始终信任我。对于本书的出版，我还要再次特别感谢才华超群的编辑尼克·希林（Nick Sheerin），他的见解和认同让我的表达更远、更广、更深。

非常感谢我在芝加哥艺术学院的学生们，他们敏锐的认知力和强烈的好奇心是本书诞生的直接动力。我还要感

鸣 谢

谢艺校的所有人。能在这样一所充满支持和共进的院校工作,是我的一大荣幸。

感谢我的父母、姐姐,还有小外甥利亚姆和杰克。相比我在上一本书中致谢时,他俩都长大了好些。没有他们的支持和鼓励,我写不出这本书。

我还要感谢我亲爱的朋友们,在我的有生之年,尤其是我当前的人生阶段,在我最容易受到来自世界各地的恶意谩骂和侮辱的时候,为我建起了一张共进的支持网,我做的一切都离不开他们的支持。特别感谢本书中提及其思想和经历的人:约翰·贝兹、埃德雷·戈恩斯、大卫·孔、玛丽莎·洛文、露丝·尤根森、艾米丽·里尔、桑德迈尔,还有迄今已在 Liederstube 演唱过的 300 来名歌手。感谢本·哈米尔(Ben Hamill)与我进行了一些共进的个人训练。

感谢我的私人啦啦队阿玛雅·加本特修(Amaia Gabantxo)和杰森·格鲁尼鲍姆(Jason Grunebaum),还有我天才般的助手莎拉·庞德(Sarah Ponder)。我一如既往地感谢莎拉·加布里埃尔(Sarah Gabriel),感谢她像明灯一样驱散我心中的迷雾。

我还要感谢过去几年,当这些想法还在我脑中酝酿的时候，全球多家院校为我提供机会做专题演讲。名单太长，恕我不能在此一一列出。听众的反馈也帮助我厘清了思路并向纵深发展。

感谢我所受到的共进的学校教育，感谢他们推崇奉献社会而不是"卓越成就"，虽然我承认有一段时间我曾心怀不满，但现在我感恩从中学到的价值观。我还要感谢所有帮助我事业发展的人，是他们让我坚定信心，大步向前：我的研究室主任保罗·格兰丁宁（Paul Glendinning）和扬·萨克斯尔（Jan Saxl），我的博士生导师马丁·海兰（Martin Hyland），还有保罗·安德烈·梅利耶斯（Paul·André Melliès）、安德烈·赫肖维茨（André Hirschowitz）和彼得·梅（Peter May）。

最后，也是最重要的，如果没有格里高利·皮布尔斯（Gregory Peebles），我也不可能完成本书。他必须为人所知，为人所信。他是无与伦比的。